中国国家对外汉语教学领导小组办公室规划教材
Project of NOTCFL of the People's Republic of China

Dāngdài Zhōngwén

当 代 中 文

Contemporary Chinese

Liànxí Cè
练 习 册

3

EXERCISE BOOK
Volume Three

主　　编：吴中伟

编　　者：高顺全　吴金利

　　　　　吴叔平　吴中伟

翻　　译：Christina P. Chen

　　　　　Catharine Y. Chen

译文审定：Jerry Schmidt

华语教学出版社
SINOLINGUA

First Edition   2003

Second Printing 2009

ISBN 978-7-80052-919-1

Copyright 2003 by Sinolingua

Published by Sinolingua

24 Baiwanzhuang Road, Beijing 100037, China

Tel: (86)010-68320585

Fax: (86)010-68320585

http//: www. sinolingua. com. cn

E-mail: hyjx@sinolingua. com. cn

Printed by Beijing Foreign Languages Printing House

Distributed by China International

Book Trading Corporation

35 Chegongzhuang Xilu, P. O. Box 399

Beijing 100044, China

Printed in the People's Republic of China

Mùlù

目 录
Contents

MUD

目　录

Contents

第一课　红叶

Lesson One　Red Autumn Leaves

练习 A

1. 朗读下列词语：

Read aloud the following words and phrases:

从来不喝酒	从来不生气	从来没去过	从来没听说过
唯一的朋友	唯一的办法	唯一的礼物	唯一的一次
像一颗心	像一张地图	像宾馆	不像男人
说笑话	听笑话	笑话别人	怕别人笑话
舍不得吃	舍不得穿	舍不得离开	舍不得孩子
看上去很美	看上去很厉害	看上去不错	看上去像一只猫

2. 替换对话：

Substitution drills:

（1）A:对不起,把你的新衣服弄脏了。

　　　B:没关系。

你借给我的雨伞	丢
你的电脑	坏
你的照片	破

(2) A: 世界上一共有多少个国家?

B: 这个问题可真把我问住了。

世界上	种	语言
这个城市	家	医院
你们学校	位	老师

(3) A: 听说田中病了。

B: 难怪她这两天没来上课。

要回国	这么忙
有男朋友	很晚才回来
找到工作了	这么高兴

练习 B

1. 辨字组词:

Fill in the blanks to form words or phrases:

摘_____   捧_____

打_____   换_____

推_____   拍_____

接_____   撞_____

2. 写出下面词语的反义词:

Write in the antonyms of the words below:

好_____   好看_____

好听_____   好吃_____

好学_____   好办_____

3. 选词填空:

Choose the correct word to fill in the blanks:

　　　能　　　会

(1) 你放心,我不_____把你的红叶弄脏的。

(2) 你别这么说,这么说她_____生气的。

(3) 我_____问你一个问题吗?

(4) 他家的电话号码? 对不起,我不_____告诉你。

(5) 陈静今天感冒了,不_____来上课了。

(6) 已经9点半了,看来陈静今天不_____来上课了。

4. 给下面句子后面括号里面的词选择一个合适的位置:

Choose the correct place in each sentence for the given words:

(1) 请 A 你 B 的地址、C 姓名 D 写在这里。　　　　　　　　(把)

(2) 对不起,A 我刚才不 B 小心 C 你的书 D 弄脏了。　　　　　(把)

(3) 你放心,A 我 B 不会把 C 这件事告诉 D 老板的。　　　　　(是)

(4) 说实话,A 我 B 以前 C 没见过 D 这么小气的人。　　　　(从来)

(5) 今天 A 是陈静的生日,她那个小气的男朋友 B 送了 C 一片红叶 D
给她。　　　　　　　　　　　　　　　　　　　　　　(只)

5. 把所给的词组成句子:

Make a sentence by placing the given words in the correct order:

例:一共　学生　有　我们班　20个

　　⇨ 我们班一共有20个学生。

(1) 去过　一共　我　国家　10个

(2) 一共　生词　800个　我　学过

(3) 从来　把　他　朋友　当　我　不

(4) 唯一　的　陈静　朋友　是　我　中国

(5) 看上去　下雨　不会　可能　今天

6 . 用"是……的"改说下面的句子：

Rephrase these sentences using the "是……的"pattern :

例：地址不能写错。 ➪ 地址是不能写错的。

狗很聪明。 ➪ 狗是很聪明的。

(1) 我不怕她们笑话。

(2) 这么大的事情,我不会忘。

(3) 我觉得这种东西不能当作生日礼物送人。

(4) 总统很忙。

(5) 北京的夏天很热。

(6) 我从来不喝咖啡。

7 . 用所给的词填空：

Fill in the blanks with the given words :

觉得　住　唯一　好看　下来　书签　只　把　像　象征

陈静是我在中国　__1__　的女的朋友。她很喜欢加拿大的枫叶。陈静说,枫叶是加拿大的　__2__　,所以中国人　__3__　加拿大叫枫叶之国。我　__4____　这个词很有意思,就把它写了　__5__　。陈静还告诉我,北京的香山红叶也很　__6__　,有人用它当　__7__　。不过这种红叶和加拿大的枫叶不一样,香山红叶有点圆,　__8__　一颗心;加拿大的枫叶有很多角。陈静问我加拿大国旗上的枫叶有几个角,这个问题把我问住了,我有点不好意思。不过,我还是很开心,因为我问陈静中国的国花是什么,这个问题也把她难___9___了。她想了很长时间才说,中国的国花有好几种,她___10___知道一种:牡丹(mǔdān, peony)。

8. 把下面的句子翻译成中文:

Translate the following sentences into Chinese:

(1) She doesn't look like a teacher.(像)

(2) I feel that love is more important than money.(觉得)

(3) Chen Jing is ill. No wonder she hasn't come to class today.(难怪)

(4) My air-conditioner is broken. Can you repair it? (把)

(5) This kind of stingy person I certainly wouldn't like.(是……的)

(6) He has never treated me like his friend.(把……当……)

练习C

1. 听力理解:

Listening comprehension:

根据听到的内容,选择正确的答案:

Listen to the conversations, then choose the correct answer to each question:

对话

(1) 张小美今天怎么啦?

　　A. 很高兴

　　B. 很生气

C. 很感动

(2) 张小美的男朋友是谁?

　　A. 江山

　　B. 马力

　　C. 杰克

(3) 今天是谁的生日?

　　A. 陈静

　　B. 张小美

　　C. 杰克

(4) 张小美觉得杰克怎么样?

　　A. 很小气

　　B. 很好

　　C. 很有钱

(5) 杰克为什么送枫叶给张小美?

　　A. 中国没有枫叶

　　B. 张小美喜欢枫叶

　　C. 杰克想用枫叶表达爱情

短文

(1) 小王的家在哪里?

　　A. 市区

　　B. 郊区

　　C. 农村

(2) 关于小王,下面哪种说法是错误的?

　　A. 特别爱钱

　　B. 从来不去饭店大吃大喝

　　C. 舍不得扔旧东西

(3) 小王和女朋友认识多长时间了?

　　A. 一年

B. 两年

C. 一年多

(4) 为什么有人说小王太小气？

A. 他从来不去饭店吃饭。

B. 他不花钱买东西送女朋友。

C. 他舍不得扔旧东西。

(5) 下面哪一个不是小王的意思？

A. 他没有钱，但是他有爱心。

B. 爱情不是用钱能表达的。

C. 有了爱情就有了钱。

2. 口语表达：

Oral practice：

(1) 互相问答：

Question and answer drill with your classmates：

你们国家的国花是什么？你住的城市有"市花"吗？

What is your country's national flower? In the city where you live, is there a municipal flower?

(2) 讨论：

Discuss：

你觉得爱情能用钱表达吗？

Do you feel that love can be measured using money?

3. 阅读理解：

Reading comprehension：

"红豆(dòu)生南国，春来发几枝。愿(yuàn)君(jūn)多采(cǎi)撷(xié)，此(cǐ)物最相思。"这是中国唐代著名的大诗人王维写的一首诗。意思是:红豆生长在南方,春天的时候才开始生长。因为它最能表达相思之情,所以我希望你多采一些,送给你的朋友。

红豆是中国南方的一种树——红豆树的种子。因为它是鲜红色的,所以叫红豆。红豆在中国古代文化中象征着相思,所以红豆也叫相思豆,红豆树也叫相思树。很多人喜欢用红豆表达对朋友、恋人的感情。

"紅豆(dòu)生南國,當春乃(nǎi)發生。願(yuàn)君(jūn)多采(cǎi)擷(xié),此(cǐ)物最相思。"這是中國唐代著名的大詩人王維寫的一首詩。意思是:紅豆生長在南方,春天的時候纔開始生長。因爲它最能表達相思之情,所以我希望你多采一些,送給你的朋友。

紅豆是中國南方的一種樹——紅豆樹的種子。因爲它是鮮紅色的,所以叫紅豆。紅豆在中國古代文化中象征着相思,所以紅豆也叫相思豆,紅豆樹也叫相思樹。很多人喜歡用紅豆表達對朋友、戀人的感情。

补充词语:

Supplementary words:

1.	红豆	hóngdòu	ormosia, "love pea"
2.	诗	shī	poem
3.	相思	xiāngsī	lovesickness, yearning between lovers
4.	希望	xīwàng	(to) hope, wish, expect
5.	采	cǎi	to pick, pluck
6.	种子	zhǒngzi	seed
7.	古代	gǔdài	ancient times, antiquity
8.	文化	wénhuà	culture
9.	恋人	liànren	lover
10.	感情	gǎnqíng	feelings, emotion

根据短文内容,判断下面说法是否正确:

Indicate whether these statements are "true" or "false", according to the passage above:

　　(1) 南国是中国南方的一个国家。　　　　　　　　　(　　)

　　(2) 红豆叫相思豆,是因为它是相思树的种子。　　　(　　)

　　(3) 红豆树的树叶也是鲜红色的。　　　　　　　　　(　　)

　　(4) 可以把红豆当作生日礼物送给父母。　　　　　　(　　)

　　(5) 中国的北方没有红豆树。　　　　　　　　　　　(　　)

4. 语段写作:

Writing exercise:

　　写一段话,介绍一种本国最有名的东西。

　　Write a paragraph introducing something that your country is famous for.

第二课　花心萝卜

Lesson Two　Radish With a Fancy Core

练习A

1. 朗读下列词语：

Read aloud the following words and phrases:

小孩儿	小男孩儿	小女孩儿	小朋友
亲戚	朋友	同事	同学
你面前	我面前	孩子面前	老师面前
高兴的样子	生气的样子	担心的样子	糊里糊涂的样子
本来不知道	本来不想去	本来就知道	本来就要去
跟你有关	跟这件事有关	跟汉语有关	跟学习有关

2. 替换对话：

Substitution drills:

(1) A: 今天晚上有<u>时间</u>吗？我想请你去看京剧。

　　B: <u>对不起</u>，我已经有一个约会了。

空儿	不行啊
事儿	不好意思
安排	真不巧

(2) A:我喜欢<u>热闹</u>,哪儿<u>人多</u>我去哪儿。

B:是吗?

安静	人少
玩	好玩儿
喝咖啡	有咖啡馆

(3) A:对了,我什么时候去你那儿<u>把那本书还你</u>。

B:什么时候都可以,不<u>还</u>也没关系。

A:那怎么行?

把雨伞还你	还
把照片给你	给
把空调给你修好	修

练习 B

1. 下面左列的词和右列的某一个词是反义词,请把它们连接起来:

Draw lines between the antonyms from these two columns of words:

(1) 干净　　　　　　　　a. 轻

(2) 高　　　　　　　　　b. 瘦

(3) 重　　　　　　　　　c. 小

(4) 胖　　　　　　　　　d. 低

(5) 大　　　　　　　　　e. 脏

(6) 聪明　　　　　　　　f. 短

(7) 白　　　　　　　　　g. 笨

(8) 好　　　　　　　　　h. 容易

(9) 难　　　　　　　　　i. 坏

(10) 长　　　　　　　　j. 黑

2. 选词填空：

Choose the correct word to fill in the blanks:

以后　　　　将来

(1) 这孩子，_____长大了肯定能当老板。

(2) 二十年_____的事儿，谁也说不清楚。

(3) 等_____有钱了，我最想做的事情就是去旅游。

(4) 明天上午下课_____，咱们一起去喝杯咖啡。

3. 给下面句子后面括号里面的词选择一个合适的位置：

Choose the correct place in each sentence for the given words:

(1) 里奇 A 今天 B 打算 C 去北京旅游 D。　　　　　（本来）

(2) 今天 A 是我侄儿 B 一周岁生日 C，我不能跟你去看京剧 D。（的）

(3) A 你当了老板 B，C 可别 D 把我们忘了。　　　　（将来）

(4) A 那个出租车司机没想到 B 我 C 会 D 说汉语。　　（竟然）

(5) A 参加了陈静侄儿的生日晚会以后，B 我 C 明白什么 D 是抓周。

（才）

4. 把所给的词组成句子：

Make a sentence by placing the given words in the correct order:

例：什么　你们　都　来　可以　时候

⇨ 你们什么时候来都可以。

什么　你　就　吃　爱　吃　什么

⇨ 你爱吃什么就吃什么。

(1) 什么　你们　都　去　可以　时候

(2) 谁　你们　都　可以　去

(3) 她们　也　不　谁　相信　会　我

(4) 你　去　什么　时候　想　就　去　时候　什么

(5) 去　哪儿　你　就　想　哪儿　去

(6) 你　打电话　给　谁　就　想　谁　给　打电话

5. 用所给的词语填空：

Fill in the blanks with the given words:

表演　　本来　　聪明　　竟然　　夸　　将来　　主角

今天是星期天,我___1___想去香山看红叶。可是早上8点钟,陈静打电话告诉我,她弄到了两张京剧票,想请我去看一场特别的京剧——演员都是孩子。我觉得孩子___2___的京剧肯定很有意思,就和徐静一起去了。

陈静介绍说,今天的___3___都是香山京剧学校的学生。最小的只有6岁,这些孩子又___4___又活泼,学习很认真,今天是他们第一次表演。

9点半,表演开始了。我听到很多人___5___小演员们表演得好,说他们现在还小,___6___一定会表演得更好。我有点不好意思,因为我虽然已经学了半年汉语,可是___7___没听懂他们唱什么。

6. 把下面的句子翻译成中文：

Translate the following sentences into Chinese:

(1) No one knows when it happened.（谁）

(2) No one ever expected that the child would finally grab the lipstick.

（竟然）

(3) No one can speak clearly about future events.（将来）

(4) You just place the toys in front of the child, and he picks whatever he likes.（……什么……什么）

(5) I originally didn't know anything about this matter. It was Chen Jing who told me about it.(本来)

1. 听力理解:

Listening comprehension:

根据听到的内容,选择正确的答案:

Listen to the conversations, then choose the correct answer to each question:

对话

(1) 女的开始说喜欢什么样的地方?

A. 热闹的地方

B. 安静的地方

C. 漂亮的地方

(2) 女的为什么哪儿都不想去了?

A. 她有点儿累

B. 她有点儿生气

C. 她想在家里听笑话

(3) 女的觉得男的怎么样?

A. 真的很好

B. 没有自己的想法

C. 常常不听她的话

(4) 女的觉得什么没意思?

A. 听笑话

B. 出去玩儿

C. 男的太听她的话

(5) 这两个人可能是什么关系?

A. 男朋友和女朋友

B. 同学

C. 朋友

短文

(1) "这孩子看上去很聪明"是第几位客人说的？

　　A. 第一位　　　　B. 第二位　　　　C. 第三位　　　　D. 第四位

(2) "这孩子长得又白又胖"是第几位客人说的？

　　A. 第一位　　　　B. 第二位　　　　C. 第三位　　　　D. 第四位

(3) "这孩子长得真可爱"是第几位客人说的？

　　A. 第一位　　　　B. 第二位　　　　C. 第三位　　　　D. 第四位

(4) 孩子的爸爸妈妈把哪一位客人打了一顿？

　　A. 第一位　　　　B. 第二位　　　　C. 第三位　　　　D. 第四位

(5) 孩子的爸爸妈妈为什么打那位客人？

　　A. 因为他没送礼物　　　　　　B. 因为他送的礼物太少

　　C. 因为他说了真话　　　　　　D. 因为他不会说话

2. 口语表达：

Oral practice:

(1) 邀请/谢绝邀请。

Practice offering and declining invitations with your classmates.

(2) 讨论：关于送红包

Discuss: The giving of red envelopes.

3. 阅读理解：

Reading comprehension:

　　中国人有一个习惯：一个人有了喜事，特别是结婚(jiéhūn)、生孩子和重要的生日，一定要请亲戚、朋友、同事(tóngshì)吃一顿，收到请帖(qǐngtiě)的人都要拿着红包去祝贺。红包里面装多少钱，要看两个人的关系怎么样。如果关系很好，两个人是很要好的朋友，红包里面的钱就比较多;如果两个人只是普通的同事或朋友,红包里面的钱就不会太多,可是也不能太少。虽然中国有一句俗话,"千里送鹅毛,礼轻情义重",但是如果太少的话,主人可能会觉得你这个人太小气,或者是不够朋友;送礼的人自己也会觉得不好意思。

现在很多人怕收到请帖,因为收到请帖以后,就得花钱。人可以不去,但是红包是一定要送去的。很多人想,那就去吧,去吃一顿高价饭。

中國人有一個習慣:一個人有了喜事,特別是結婚(jiéhūn)、生孩子和重要的生日,一定要請親戚、朋友、同事(tóngshì)吃一頓,收到請帖(qǐngtiě)的人都要拿着紅包去祝賀。紅包裏面裝多少錢,要看兩個人的關係怎麼樣。如果關係很好,兩個人是很要好的朋友,紅包裏面的錢就比較多;如果兩個人只是普通的同事或朋友,紅包裏面的錢就不會太多,可是也不能太少。雖然中國有一句俗話,"千里送鵝毛,禮輕情義重",但是如果太少的話,主人可能會覺得你這個人太小氣,或者是不夠朋友;送禮的人自己也會覺得不好意思。

現在很多人怕收到請帖,因爲收到請帖以後,就得花錢。人可以不去,但是紅包是一定要送去的。很多人想,那就去吧,去吃一頓高價飯。

补充词语:

Supplementary words:

1.	习惯	xíguàn	custom, habit, common practice
2.	同事	tóngshì	colleague, fellow worker
3.	要好	yàohǎo	to be close (friendly), be on good terms
4.	请帖	qǐngtiě	invitation card
5.	俗话	súhuà	common saying, proverb
6.	鹅毛	émáo	goose feather
7.	高价	gāojià	high-priced, expensive

根据短文的内容,判断下面的说法是否正确:

Indicate whether these statements are "true" or "false", according to the passage above:

    (1) 没有收到请帖的人可以不去,也可以不送红包。   (   )

    (2) 收到请帖的人一定要去吃一顿。   (   )

    (3) 亲戚送的红包里面的钱比朋友送的多。   (   )

    (4) 很多人怕收到请帖是因为没有时间去吃高价饭。   (   )

    (5) "不够朋友"的意思是朋友太少。   (   )

4. 语段写作:

Writing exercise:

写一段话,介绍一种自己国家跟孩子有关的习惯活动。

Write a paragraph introducing a custom of your country that is associated with children.

第三课　别跟自己过不去

Lesson Three　Don't Be So Hard on Yourself

练习 A

1. 朗读下列词语:

Read aloud the following words and phrases:

帮个忙	帮我一个忙	帮帮忙	不想帮忙
好习惯	坏习惯	习惯了	养成习惯
基本可以	基本习惯了	基本没听懂	基本不堵车
很地道	不地道	地道的中国菜	地道的北京话
中学毕业	毕业三年了	大学还没毕业	林肯大学毕业的
正常情况	正常人	天气不正常	正常工作

2. 替换对话:

Substitution drills:

（1）A:明天我给你介绍一个"老外",你可以跟他练习口语。

　　B:我连"你好"都不会说,怎么跟他对话?

我的名字	说不流利
一句外语	说不好
一句地道的英语	听不懂

(2) A:要我帮你什么忙?

B:是这样的,我有一个<u>朋友</u>,想找一个美国人<u>互相学习</u>。

同学	练习英语
亲戚	当家庭教师
同事	练习口语

(3) A:<u>北京</u>有很多<u>好玩的地方</u>吧?

B:那当然。<u>北京</u>是有名的旅游城市,<u>好玩的地方</u>多着呢。

维多利亚	漂亮的地方
上海	好吃的东西
纽约	热闹的地方

练习 B

1. 填写适当的名词:

Fill in the blanks with the appropriate nouns:

(1) 简单的_____

(2) 唯一的_____

(3) 奇怪的_____

(4) 重要的_____

(5) 地道的_____

(6) 小气的_____

2. 选词填空:

Choose the correct phrase to fill in the blanks:

说不定   不一定

(1) 学汉语_____要到中国,在美国也可以学得很好。

(2) 明天_____会下雨。

(3) _____他们现在已经到了。

(4) 明天你们先走,不要等我,我_____不会去。

    可能   也许

(1) 她_____不会来了。

(2) 她不_____知道这件事。

(3) 一岁的孩子怎么_____明白抓周的意思呢?

(4) 这种事很有_____发生。

3. 给下面句子后面括号里面的词选择一个合适的位置:

Choose the correct place in each sentence for the given words:

(1) 你 A 别 B 在家里 C 看书,D 应该出去逛逛。   (总是)

(2) 白小红的移民 A 申请 B 不会 C 很快批准 D。   (也许)

(3) A 白小红 B 明年就 C 变成加拿大人了 D。   (说不定)

(4) A 很多加拿大人的祖先都 B 是 C 从世界各地 D 移民过来的。

                                                    (其实)

(5) A 那家中国饭店的菜 B 很好吃,C 很便宜 D。   (而且)

4. 把所给的词组成句子:

Make a sentence by placing the given words in the correct order:

(1) 这个问题 简单 原因 很 其实 的

(2) 我 学 以前 日语 是 的

(3) 很多 人 从 亚洲 过来 移民 是 的

(4) 你 别人 写的字 看 就 清楚 行了 能

（5）我　把　那个包　请　你　下来　想　拿

5. 用所给的词语改说句子：

Rephrase these sentences using the given patterns:

例：白小红学习的时候听音乐。（一边……一边……）

⇨　白小红一边学习，一边听音乐。

（1）江山吃饭的时候看电视。（一边……一边……）

（2）他会说英语和法语。（既……又……）

（3）陈静的侄儿很活泼，而且很聪明。（又……又……）

（4）夏天快来了，天气一天比一天热。（越来越……）

（5）她不知道她侄儿叫什么名字。（连……都……）

6. 用所给的词填空：

Fill in the blanks with the given words:

觉得　帮忙　提出　正常　其实　基本　过不去　标准

白小红打算移民，她已经___1___了移民申请。可是她___2___自己的英语发音不地道，所以请我___3___。我自己的英语也不是___4___的美国英语，没办法帮她。要帮忙的话也是越帮越忙。我觉得有点口音没关系，只要你说的话别人___5___上能听懂就行了。我的普通话不标准，中国人听了一点也不觉得奇怪；要是我说一口标准的普通话，说不定他们还觉得不___6___呢。___7___，白小红的英语说得又流利又好听，我觉得她是在跟自己___8___。

7. 把下面的句子翻译成中文：

Translate the following sentences into Chinese:

（1）I like to drink beer while watching soccer games.（一边……，一边

......)

(2) Going by airplane is both fast and comfortable. (又……又……)

(3) I have been to neither Beijing nor Shanghai; I have only been to Xi'an. (既……也……)

(4) The more people there are watching, the more enthusiastically they perform. (越……越……)

(5) Why can't you even understand such a simple question? (连……都……)

练习C

1. 听力理解:

Listening comprehension:

根据听到的内容,选择正确的答案:

Listen to the conversations, then choose the correct answer to each question:

对话

(1) 白小红的普通话怎么样?
    A. 很地道
    B. 有一点儿口音
    C. 没有北京人说得地道

(2) 关于北京话,下面哪种说法是正确的?
    A. 北京话就是普通话
    B. 北京话也是汉语的一种方言
    C. 北京话儿化没有别的方言多

(3) 关于儿化，下面哪种说法是不正确的？

    A. 可以把东西说得小一些

    B. 可以表达喜欢的意思

    C. 没有特别的意思

(4) "男孩儿"和"女孩儿"的年纪可能是多大？

    A. 1~20 岁

    B. 1~10 岁

    C. 很难说

(5) "小大人儿"是什么意思？

    A. 年纪轻的大人

    B. 有点儿像大人的小孩儿

    C. 大学刚毕业的年轻人

短文

(1) 汉语有几种重要的方言？

    A. 6 种   B. 7 种   C. 8 种

(2) 广东话是什么方言？

    A. 北方方言

    B. 南方方言

    C. 东方方言

(3) 为什么中国南方的方言比较多？

    A. 交通不方便

    B. 首都在北方

    C. 离北京太远

(4) 为什么把北京话的语音当作普通话的语音？

    A. 北京现在是中国的首都

    B. 北京话说起来比较好听

    C. 能听懂北京话的人比较多

(5) 什么是地方普通话？

A. 每个地方的人说的普通话

B. 带有口音的普通话

C. 很标准的普通话

2. 口语表达：

Oral practice:

（1）学语言是不是要像白小红那样一定要学"地道的"？

In learning a language, must one learn "what is authentic," as Bai Xiaohong is trying to do?

（2）白小红是不是在和自己过不去？

Was Bai Xiaohong being too hard on herself?

3. 阅读理解：

Reading comprehension:

从前有一个人，总是觉得自己走路不好看，自己家乡的人，男的、女的，大人、小孩儿，走路的样子也都不好看。

他听说在他家乡的北边，有个地方叫邯郸，那儿的人走路都非常好看。他就到邯郸学习走路。

到了邯郸以后，他发现邯郸人走路的样子真的很好看，他又高兴又担心，高兴的是他将来可以走得很好看，担心的是邯郸人会笑话他连走路都不会。

他在邯郸既没有亲戚，也没有朋友，只好住在饭店里。邯郸没有学习走路的学校，他就在马路上看别人走路，一边看，一边学。时间过得很快，可是他学得很慢。邯郸人真的开始笑话他了，因为他走路的样子太奇怪了。

冬天来了，天气越来越冷，他有点儿想回家了，他带的钱也快花完了。但是这时他既没有学会邯郸人走路的样子，又忘掉了自己以前走路的习惯。而且他连自己以前是怎么走路的都忘了，只好爬回了家。

從前有一個人，總是覺得自己走路不好看，自己家鄉的人，男的、女的，大人、小孩兒，走路的樣子也都不好看。

他聽説在他家鄉的北邊，有個地方叫邯鄲，那兒的人走路都非常好看。他就到邯鄲學習走路。

到了邯鄲以後，他發現邯鄲人走路的樣子真的很好看，他又高興又擔心，高興的是他將來可以走得很好看，擔心的是邯鄲人會笑話他連走路都不會。

他在邯鄲既没有親戚，也没有朋友，只好住在飯店裏。邯鄲没有學習走路的學校，他就在馬路上看别人走路，一邊看，一邊學。時間過得很快，可是他學得很慢。邯鄲人真的開始笑話他了，因爲他走路的樣子太奇怪了。

冬天來了，天氣越來越冷，他有點兒想回家了，他帶的錢也快花完了。但是這時他既没有學會邯鄲人走路的樣子，又忘掉了自己以前走路的習慣。而且他連自己以前是怎麼走路的都忘了，只好爬回了家。

补充词语:

Supplementary words:

1. 从前　　cóngqián　　once upon a time, formerly, in the past, long ago

2. 邯郸　　Hándān　　capital city of the state of Zhao during the Warring States Period of China

根据短文的内容，判断下面的说法是否正确:

Indicate whether these statements are "true" or "false", according to the passage above:

(1) 那个人觉得他家乡有的人走路的样子不好看。　　（　　）

(2) 那个人刚到邯郸的时候，觉得他将来可以学会邯郸人走路的样子。　　（　　）

(3) 他去邯郸以后，在邯郸的走路学校里学习走路。　　（　　）

(4) 邯郸人第一次见到那个人就笑话他了。　　（　　）

(5) 冬天来了，那个人走路的样子像邯郸人一样了。　　（　　）

（6）那个人没有学会邯郸人走路的样子。　　　　　　　（　　）

4. 语段写作：

Writing exercise：

写一段话，谈谈有关自己学习汉语的事情。注意用上下面的格式：

Write a paragraph about your experiences studying Chinese. Use the patterns below.

一边……一边……　　　　　越来越……

既……又……　　　　　　　连……都/也……

第四课　各有所爱

Lesson Four　Each to His Own Taste

练习 A

1. 朗读下列词语:

Read aloud the following words and phrases:

球迷	(电)影迷	歌迷	电脑迷
不管什么人	不管什么时候	不管什么地方	不管什么原因
为了学汉语	为了看比赛	为了孩子	为了女朋友
有很多爱好	没有什么爱好	爱好上网	爱好旅行
和朋友联系	电话联系	怎么联系	有没有联系
打篮球	打乒乓球	打网球	踢足球
带劲儿	起劲儿	有劲儿	没劲儿

2. 替换对话:

Substitution drills:

(1) A:你怎么能这么<u>做</u>呢?

　　B:怎么了?

　　A:这么<u>做</u>太不像话了。

想	太没意思了
说	太不够朋友了
拒绝别人	太不客气了

(2) A:昨天的比赛真好看。

B:什么比赛?

A:德国队和意大利队的足球比赛啊,难道你没看?

B:我从来不看足球比赛。

美国队和加拿大队的篮球比赛	篮球
日本队和巴西队的排球比赛	排球
中国队和瑞典队的乒乓球比赛	乒乓球

(3) A:你不是不喜欢看篮球比赛吗?

B:以前不喜欢,现在喜欢了。

A:为什么?

B:篮球是美国的"国球",我想知道美国人为什么那么喜欢篮球。

A:原来是这样。

冰球	加拿大
棒球	日本
乒乓球	中国

练习 B

1. 把同义词/近义词语连接起来:

From the two columns below, draw lines between the synonyms or expressions with similar meanings:

(1) 总是   a. 也许

(2) 经常   b. 本来

(3) 说不定   c. 常常

(4) 原来   d. 老是

(5) 基本上   e. 差不多

2. 选词填空：

Choose the correct word to fill in the blanks:

原来　　本来

(1) 难怪这个房间这么脏，_____很长时间没有人住了。

(2) 白小红的英语_____就说得很好，可她还要我帮她学习地道的美国英语。

(3) _____么，一岁的孩子，懂什么呀？

(4) _____你就是江山啊，我早就听说过你的名字。

3. 给下面句子后面括号里面的词选择一个合适的位置：

Choose the correct place in each sentence for the given words:

(1) A 你 B 也是中国人啊，C 我 D 把你当成日本人了。　　（原来）

(2) A 你不知道 B 喝酒 C 对身体 D 不好吗？　　（难道）

(3) 我们 A 也去中国城 B 吃 C 中国菜 D。　　（偶尔）

(4) A 以前陈静 B 一个人 C 去旅行，现在总是和男朋友 D 一起去。

　　（经常）

(5) A 我喜欢乒乓球，B 什么水平的乒乓球 C 比赛我 D 都看。（不管）

4. 把所给的词组成句子：

Make a sentence by placing the given words in the correct order:

(1) 完成　我　昨天晚上　没　作业　睡觉　差不多　为了

(2) 有时间　我　去　只要　就　上网

(3) 什么时候　你　可以　都　不管　给　我　打电话

(4) 我　乒乓球　经常　打　原来

(5) 我的意思　明白　难道　你　不　吗

5. 改说句子：

Rephrase these sentences according to the example below:

例：一岁的孩子懂什么呀？

⇨ 一岁的孩子什么都不懂。

(1) 这件事我不是已经告诉过你了吗？

(2) 这么多作业，一个小时怎么可能做完呢？

(3) 他一定要去，我有什么办法？

(4) 乒乓球是中国的"国球"，我能不喜欢吗？

(5) 这有什么奇怪的？

6. 用所给的词填空：

Fill in the blanks with the given words:

比如 普通 水平 偶尔 带劲 只要 发明 不管 爱好

江山和我都喜欢看球赛。不过，我们的＿＿1＿＿不一样。江山喜欢看"大球"比赛，＿＿2＿＿是篮球，橄榄球，还是足球比赛，他都看。当然，他最喜欢看的是篮球比赛，＿＿3＿＿有篮球比赛他就看。我喜欢看"小球"比赛，＿＿4＿＿乒乓球、羽毛球和网球比赛，我觉得看乒乓球比赛最＿＿5＿＿。

江山喜欢看篮球比赛的一个原因是美国的篮球＿＿6＿＿是世界第一，还有一个原因是篮球是在美国＿＿7＿＿的。

江山基本上不看乒乓球比赛。我呢，＿＿8＿＿也看篮球比赛，但是我只看 NBA，＿＿9＿＿的比赛我不看。

7. 把下面的句子翻译成中文：

Translate the following sentences into Chinese:

(1) Is it possible that you don't know anything about this matter either?（难道）

(2) Is it possible that Mr. Zhang is not coming today? （难道）

(3) Haven't I already told you? I don't like playing soccer? （不是……吗?）

(4) What's so good about this kind of movie? （有什么…… 的?）

(5) He is my best friend. How is it possible that I don't know what he likes? （能不……吗?）

练习 C

1. 听力理解:

Listening comprehension:

根据听到的内容,选择正确的答案:

Listen to the conversations, then choose the correct answer to each question:

对话

(1) 关于男的,下面说法哪个是正确的?

 A. 他是一个真正的足球迷

 B. 他不喜欢英格兰人

 C. 他不看普通的比赛

(2) 关于女的,下面哪个说法是正确的?

 A. 她是一个真正的足球迷

 B. 她不是一个真正的球迷

 C. 她觉得男的不聪明

(3) 足球是在哪儿发明的?

 A. 英格兰   B. 美国   C. 加拿大

(4) 女的为什么只喜欢看英格兰队的比赛?

A. 足球是在英格兰发明的

B. 英格兰人的足球踢得最好

C. 她喜欢英格兰队里的一个球星

(5) 男的和女的爱好一样吗?

A. 一样　　　　B. 不一样　　　　C. 差不多

短文

(1) 短文里一共提到了几种味道?

A. 2种　　　　B. 3种　　　　C. 4种　　　　D. 5种

(2) 做菜喜欢放糖的是什么地方人?

A. 湖南人　　B. 上海人　　C. 山西人　　D. 江西人

(3) 做菜喜欢放醋的是哪里人?

A. 江西人　　B. 山西人　　C. 四川人　　D. 上海人

2. 口语表达:

Oral practice:

谈谈你的爱好。

Talk about a hobby of yours.

3. 阅读理解:

Reading comprehension:

萝卜青菜,各有所爱。这话一点儿也不假。就说看电视吧,老王一家一共只有三个人:太太、女儿和老王自己,但是三个人的爱好一点儿也不一样。

老王喜欢看体育节目,特别是足球比赛,只要有转播,老王就一定要看。老王的太太喜欢看电视连续剧,每天都看,有时候一边看,一边还流眼泪。他们的女儿呢,喜欢看娱乐节目,年轻人嘛。

老王家只有一台电视机。吃完晚饭,一家人就坐在电视机前面看电视。平时都是老王和女儿让着王太太,可是到了周末,老王一家人就抢起了电视机遥控器。为什么？老王要看足球比赛，女儿要看娱乐节目，王太太呢，连续剧还没完呢。有一次三个人吵了起来，老王一生气，把电视机给关了，谁也不让看。第二天，平时很小气的老王跑到商店，又买了一台电视机回家。

萝蔔青菜，各有所愛。這話一點兒也不假。就說看電視吧，老王一家一共只有三個人：太太、女兒和老王自己，但是三個人的愛好一點兒也不一樣。

老王喜歡看體育節目，特別是足球比賽，只要有轉播，老王就一定要看。老王的太太喜歡看電視連續劇，每天都看，有時候一邊看，一邊還流眼淚。他們的女兒呢，喜歡看娛樂節目，年輕人嘛。

老王家只有一臺電視機。吃完晚飯，一家人就坐在電視機前面看電視。平時都是老王和女兒讓着王太太，可是到了周末，老王一家人就搶起了電視機遙控器。爲什麼？老王要看足球比賽，女兒要看娛樂節目，王太太呢，連續劇還沒完呢。有一次三個人吵了起來，老王一生氣，把電視機給關了，誰也不讓看。第二天，平時很小氣的老王跑到商店，又買了一臺電視機回家。

补充词语：

Supplementary word：

1.	假	jiǎ	wrong, mistaken, erroneous
2.	连续剧	liánxùjù	TV drama series
3.	娱乐	yúlè	entertainment, amusement
4.	让	ràng	(to) give way, let.
5.	周末	zhōumò	weekend
6.	抢	qiǎng	to snatch, grab, fight for sth.
7.	遥控器	yáokòngqì	remote control

根据短文内容,判断下面的说法是否正确:

Indicate whether these statements are "true" or "false", according to the passage above:

(1) 老王的女儿喜欢娱乐节目,因为她是年轻人。　　　　　　（　　）

(2) 平时电视机遥控器都在老王太太手里。　　　　　　　　（　　）

(3) 周末没有电视连续剧。　　　　　　　　　　　　　　　（　　）

(4) 老王又买了一台电视机,因为他不想因为看电视和太太、孩子吵。

　　　　　　　　　　　　　　　　　　　　　　　　　　　（　　）

(5) 老王家可能还会买一台电视机。　　　　　　　　　　　（　　）

4. 语段写作:

Writing exercise:

写一段话,谈谈你和家里人的爱好。

Write a paragraph about your hobbies and your family's hobbies.

第五课 找 不 着 北

Lesson Five   Getting Lost

练习 A

1. 朗读下列词语：

Read aloud the following words and phrases：

收拾行李	收拾房间	收拾东西	收拾好了
准备上课	准备回家	准备做饭	准备好了
根本不行	根本不会	根本没有	根本没见过
找不着	买不着	用不着	管不着
吃不了	用不了	拿不了	走不了
来一趟	去一趟	走一趟	跑一趟

2. 替换对话：

Substitution drills：

（1）A：你的<u>酒</u>还没<u>喝</u>完呢。

B：对不起，我实在<u>喝</u>不了了。

饭	吃
菜	吃
汤	喝

(2) A:明天 9 点在<u>北京饭店</u>门口见面,别忘了带<u>照相机</u>!

B:放心吧,忘不了。

香山公园	照相机
学校	书
火车站	车票

(3) A:下个月我打算去中国。在中国<u>买东西</u>方便吗?

B:这要看你去哪儿了。

A:我要去<u>北京</u>。

B:那太方便了,比你在这里还方便。

打电话	北京
上网	上海
发电子邮件	杭州

练习 B

1. 选词填空:

Choose the correct word to fill in the blanks:

实在　　的确

(1) 对不起,今天我_____太累了,不能陪你去看电影了。

(2) 她做的菜_____太难吃了。

(3) 我看清楚了,_____是小张和他女朋友。

(4) 你说得对,我中午_____喝酒了。

特殊　　特别

(1) 过生日那天,陈静收到了一个_____的礼物。

(2) 你穿这种颜色的衣服_____漂亮。

（3）我对长城有一种_____的感觉。

（4）那个人看上去很_____。

2. 给下面句子后面括号里面的词选择一个合适的位置：

Choose the correct place in each sentence for the given words:

（1）A 他肯定会来的，B 发生了 C 特殊的事情 D。　　　　（除非）

（2）A 我 B 不明白江山 C 为什么那么 D 喜欢看篮球比赛。　　（实在）

（3）你 A 肯定看错了，B 我 C 昨天 D 就没有上街。　　　　（根本）

（4）A 这件衣服 B 才 80 块人民币，C 很便宜 D。　　　　（的确）

（5）A 我们班 B 同学已经 C 去过 D 那个地方了。　　　　（有的）

3. 把所给的词组成句子：

Make a sentence by placing the given words in the correct order：

（1）杰克　中国　去　旅行　准备　下个星期

（2）我　回去　得　行李　收拾　了

（3）这　种　现在　买　了　词典　着　不

（4）吃　你　得　吗　了　这么　多

（5）这件事　没　跟　我　关系　的确

4. 改说句子：

Rephrase these sentences according to the examples below：

例：北京的马路比上海的直。

⇨　上海的马路没有北京那么直。

要是你不说，我差点儿忘了。

⇨　你不说我差点儿忘了。

北京有很多大商场。

⇨ 北京的大商场有的是。

(1) 在北京买东西比在西安买东西方便。

(2) 加拿大的环境比中国好得多。

(3) 如果不下雨,我就去。

(4) 要是你不打算用,你就别带。

(5) 我有很多时间。

(6) 我在北京有很多朋友。

5. 用所给的词填空:

Fill in the blanks with the given words:

准备　　发达　　收拾　　了　　了解　　着　　有些

人人都喜欢旅行。有的人出门旅行的时候喜欢带东西,吃的,穿的,喝的,用的,什么都带。不过__1__行李的时候很麻烦。东西太多,两个大包也装不__2__。其实,旅行不是搬家,__3__东西根本就用不__4__带。最重要的是,旅行以前要__5__一下你要去的地方,如果那里的经济比较__6__,那就少带点东西,很多东西都可以到那儿以后再买;如果那里的经济不发达,那就要认真__7__了,不要把应该带的东西也忘了。

6. 把下面的句子翻译成中文:

Translate the following sentences into Chinese:

(1) It's very difficult to really understand a person. (了解)

(2) We have not met again since graduating from secondary school. (自

从)

(3) Many people, including me, do not understand China very well.（包括）

(4) He won't refuse to help you unless there is a particular reason.（除非）

(5) I'm sorry, I really can't eat any more.（实在）

练习 C

1. 听力理解：

Listening comprehension：

根据听到的内容,选择正确的答案：

Listen to the conversations, then choose the correct answer to each question：

对话 A

(1) 女的比较喜欢这个地方的哪个季节？

A. 冬天　　　　　　B. 秋天　　　　　　C. 春天

(2) 女的觉得这个地方怎么样？

A. 气候不太好　　　B. 气候很好　　　　C. 很有意思

对话 B

(1) 男的刚才去哪儿了？

A. 学校　　　　　　B. 商店　　　　　　C. 李老师家

(2) 男的为什么不先给李老师打个电话？

A. 他忘了　　　　　B. 他觉得用不着　　C. 他想让女的打

对话 C

(1) 男的准备去哪儿？

A. 中国　　　　　　B. 加拿大　　　　　C. 美国

(2) 女的认为男的应该带什么？

A. 日用品　　　　　B. 卫生纸　　　　　C. 中国买不到的东西

短文

(1) 西安在中国的什么地方？

A. 东部　　　　　　B. 西部　　　　　　C. 中部

(2) 西安原来的名字叫什么？

A. 江安　　　　　　B. 长安　　　　　　C. 黄安

(3) 短文里提到了西安几个应该看的地方？

A. 两个　　　　　　B. 3个　　　　　　C. 4个

(4) 谁觉得在西安旅游比在北京和上海旅游更有意思？

A. 去过西安的人

B. 对中国历史没兴趣的人

C. 对中国历史感兴趣的人

2. 口语表达：

Oral practice：

去旅行的时候，你喜欢不喜欢多带一些东西，为什么？

When going on a trip, do you like to take along extra things with you? Why?

3. 阅读理解：

Reading comprehension：

请客人和朋友吃饭是中国人的一种习惯。以前中国人经常在家里请客。主人总是做很多菜，一定要客人吃，有时客人实在吃不了。其实吃不了也没关系，要是你真把主人做的菜全吃完了，主人会很不好意思，他觉得你可能没吃饱，更没吃好。

现在很多中国人比原来有钱了，就在饭店请客。这样既能吃到好吃的菜，又不像在家里做那样麻烦。点菜的时候，热情的主人肯定要点很多。吃不了怎么办？有句话叫"吃不了兜着走"。那意思是说，你吃不了的话就带回去。这叫"打包"。开始的时候，有些人还不好意思"打包"，因为那样会让客人觉得小气，现在已经完全习惯了。吃不了，当然应该兜着走。

請客人和朋友吃飯是中國人的一種習慣。以前中國人經常在家裏請客。主人總是做很多菜，一定要客人吃，有時客人實在吃不了。其實吃不了也沒關係，要是你真把主人做的菜全吃完了，主人會很不好意思，他覺得你可能沒吃飽，更沒吃好。

現在很多中國人比原來有錢了，就在飯店請客。這樣既能吃到好吃的菜，又不像在家裏做那樣麻煩。點菜的時候，熱情的主人肯定要點很多。吃不了怎麼辦？有句話叫"吃不了兜著走"。那意思是説，你吃不了的話就帶回去。這叫"打包"。開始的時候，有些人還不好意思"打包"，因為那樣會讓客人覺得小氣，現在已經完全習慣了。吃不了，當然應該兜著走。

补充词语：

Supplementary words：

1. 主人	zhǔrén	host	
2. 兜	dōu	to pack sth. up	
3. 饱	bǎo	to have eaten one's fill, be full	
4. 点菜	diǎncài	to order dishes (from a menu)	
5. 打包	dǎbāo	to pack sth. to take away, pack a "doggie bag"	

根据短文内容，判断下面的说法是否正确：

Indicate whether these statements are "true" or "false", according to the passage above：

(1) 以前中国人从来不在饭店请客。　　　　　　　　　　（　　）

(2) 在别人家吃饭，客人应该把主人做的菜都吃完。　　（　　）

（3）如果把饭菜都吃完了，客人会觉得不好意思。　　　（　　）

（4）"打包"就是把在饭店里没吃完的菜带回去。　　　（　　）

（5）有的人不"打包"是因为怕麻烦。　　　（　　）

4. 语段写作：

Writing exercise：

写一段话，介绍你曾经去过的一个国家/城市。

Write a paragraph introducing a city or country you have visited before.

第六课　他们很有耐心

Lesson Six　They Are Very Patient

练习A

1. 朗读下列词语：

Read aloud the following words and phrases:

读读	聊聊	翻翻	摸摸	看看
收拾收拾	准备准备	联系联系	参观参观	锻炼锻炼
热闹热闹	舒服舒服	高兴高兴	暖和暖和	凉快凉快
踢踢球	游游泳	睡睡觉	看看电影	逛逛商店
这方面	那方面	哪方面	学校方面	公司方面
电话费	水费	电费	学费	路费
万事如意	一路平安	一路顺风	岁岁平安	心想事成

2. 替换对话：

Substitution drills:

（1）A：你来<u>加拿大</u>多长时间了？

　　　B：已经<u>三四个月</u>了。

美国	一两年
中国	八九个月
澳大利亚	两三个星期

(2) A:你刚才去哪儿了?

　　 B:去附近的<u>超市</u>看了看。

　　 A:<u>买东西</u>的人多吗?

　　 B:不多。总共只有<u>二十来个</u>。

商店	买东西	十来个
饭店	吃饭	五六个
足球场	看比赛	一百来个

(3) A:你每天晚上吃完饭以后干些什么?

　　 B:<u>看看报纸</u>,然后<u>看一会儿书</u>。

看看电视	出去散散步
听听音乐	学一会儿英语
打电话和朋友聊聊	练习练习听力

练习B

1. 用适当的量词填空:

Fill in the blanks with an appropriate measure word:

(1) 一_____牙刷　　(2) 一_____行李　　(3) 一_____心

(4) 一_____牙膏　　(5) 一_____巧克力　(6) 一_____爱好

(4) 一_____桌子　　(8) 一_____口红　　(9) 一_____习惯

2. 选词填空:

Choose the correct word to fill in the blanks:

　　　几乎　　　差点儿

(1) 我_____不相信我的眼睛,难道这是真的?

(2) 他说得太快了,我_____一句也没听懂。

(3) 我们班的同学_____都来了。

(4) 刚下过雨,路不好走,我刚才_____摔倒了。

几乎　　差不多

(1) 那个地方太难找了,我_____没找到。

(2) 今天的篮球比赛肯定很好看,因为两个球队的水平_____。

(3) 我_____把这事给忘了。

(4) 他们两个人个子_____一样高。

3. 给下面句子后面括号里面的词选择一个合适的位置:

Choose the correct place in each sentence for the given words:

(1) A 我的电话卡里 B 还有 C 十多块钱 D。　　　　　　　(大约)

(2) A 我们班同学 B 人人 C 都 D 看过那部电影。　　　　　(几乎)

(3) 美国和加拿大的交通 A 发达,B 特别 C 是 D 城市交通。(十分)

(4) A 那天晚上 B 我们 C 4 个人 D 喝了 20 瓶啤酒。　　　(总共)

(5) 如果老板 A 知道顾客肯定 B 不买他的东西,C 会 D 那么热情吗?

(还)

4. 把所给的词组成句子:

Make a sentence by placing the given words in the correct order:

(1) 我　去　前天　这里　看　最大　的　了　看　超市

(2) 吃惊　的　最　我　让　是　这儿　的　环境

(3) 你　全　中国　知道　有　人口　多少　吗

(4) 你　为　她　用　不　担心

(5) 我　看　左右　两个小时　每天　电视　要

5. 改说句子：

Rephrase these sentences according to the examples below:

例：我每天早上起来跑一会儿步，读一会儿英语。

   ⇨ 我每天早上起来跑跑步，读读英语。

林娜今年二十四五岁。

   ⇨ 林娜今年二十五岁左右。

林娜的弟弟大概二十岁多一点儿。

林娜的弟弟二十来岁。

(1) 每天晚上我都要看一会儿电视，学一会儿英语

(2) 睡觉以前我总是要看一会儿书，听一会儿音乐。

(3) 张老师看上去有三十五六岁。

(4) 我们班的同学有的 19 岁，有的 20 岁，也有 21 岁的。

(5) 我的电话卡大约还可以打 20 分钟多一点儿。

(6) 那个孩子只有十一二岁。

6. 用所给的词填空：

Fill in the blanks with the given words:

明显　　其中　　方面　　赚　　大约　　耐心　　顾客

中国和加拿大在很多＿＿1＿＿都不一样。感觉最＿＿2＿＿的是加拿大人比中国少得多。中国是世界上人口最多的国家，加拿大的人口＿＿3＿＿只是中国的四十分之一，＿＿4＿＿还有很多是华裔。因为人多，所以在中国开饭店不用担心没有＿＿5＿＿，而且肯定能＿＿6＿＿钱。不过可能也是因为人多，中国人没有加拿大人那么有＿＿7＿＿。

7. 把下面的句子翻译成中文:

Translate the following sentences into Chinese:

(1) You need physical exercise. If you have some time, let's play ball or go swimming together. (VVO)

(2) I was just thinking about having a chat with you about the problems in this area. (VV)

(3) It's not far from here to the train station; it takes about ten minutes to get there by bus. (⋯来分钟)

(4) There are more than thirteen million people in the urban district of Shanghai, and among these people, one tenth do not know how to speak Shanghai dialect. (⋯分之⋯)

(5) In China, about ninety percent of secondary school students take English for their foreign language requirement. (左右)

练习 C

1. 听力理解:

Listening comprehension:

根据听到的内容,选择正确的答案:

Listen to the conversations, then choose the correct answer to each question:

对话 A

(1) 刚才你听到的是两个人打电话,这个电话是谁打的?

    A. 小高打的

    B. 林娜打的

    C. 既不是小高打的,也不是林娜打的

(2) 谁在维多利亚?

    A. 小高

    B. 林娜

    C. 小钱

(3) 林娜来加拿大多长时间了?

    A. 一个月

    B. 两个月

    C. 一个多月

(4) 加拿大和中国的区别,电话里没有介绍的是什么?

    A. 空气方面

    B. 人口方面

    C. 商店方面

对话 B

(1) 下面哪一个说法是不正确的?

    A. 女的已经习惯了加拿大的生活

    B. 女的每天都要去散步

    C. 女的每天都要逛商店

(2) 女的觉得中国城里的中国菜

    A. 不地道

    B. 很好吃

    C. 味道很特别

(3) 女的为什么不打算开中国饭店?

    A. 她不会做中国菜

    B. 她担心不赚钱

    C. 她不想当老板

对话 C

(1) 女的为什么不和男的聊了?

A. 她的时间不多了

B. 她的电话卡里快没钱了

C. 她要写信

(2) 男的觉得

A. 现在写信的人不多了

B. 写信没有发电子邮件方便。

C. 写信没有意思

(3) 女的为什么不给男的发电子邮件？

A. 她的英语不太好

B. 她不会用英语发电子邮件

C. 她觉得男的英语不太好

2. 口语表达：

Oral practice：

说一说你的星期天一般是怎么过的。请用动词的重叠形式。

Talk about how you generally spend your time on Sundays. Use the verb reduplication pattern.

3. 阅读理解：

Reading comprehension：

中国人坐公共汽车基本上不排队。特别是在北京和上海这样有一千多万人口的大城市，上班的工人要坐公共汽车，上学的学生，包括中学生和大学生也要坐公共汽车。要坐车的人太多了，如果排队的话，有些人就赶不上这趟车。赶不上这趟车，就有可能迟到。怎么办？别排队了，想办法挤上去吧。所以，有人习惯说"挤公共汽车"。

坐公共汽车不排队。坐地铁呢？也不排队。为什么？人少的时候不需要排队，人多的时候没办法排队——上下班高峰时间，站台上全都是人。

有的人不是不愿意排队。他们担心自己排队别人不排队。有了这种担心，就没有了排队的耐心。外国人到了中国，开始的时候还排队，时间长了，排队的习惯就没有了。

中國人坐公共汽車基本上不排隊。特別是在北京和上海這樣有一千多萬人口的大城市，上班的工人要坐公共汽車，上學的學生，包括中學生和大學生也要坐公共汽車。要坐車的人太多了，如果排隊的話，有些人就趕不上這趟車。趕不上這趟車，就有可能遲到。怎麼辦？別排隊了，想辦法擠上去吧。所以，有人習慣説"擠公共汽車"。

坐公共汽車不排隊。坐地鐵呢？也不排隊。爲什麼？人少的時候不需要排隊，人多的時候沒辦法排隊——上下班高峰時間，站臺上全都是人。

有的人不是不願意排隊。他們擔心自己排隊別人不排隊。有了這種擔心，就沒有了排隊的耐心。外國人到了中國，開始的時候還排隊，時間長了，排隊的習慣就沒有了。

补充词语：

Supplementary words：

1.	排队	pái duì	to line up, queue up
2.	趟	tàng	(a measure word for number of bus runs, number of trips)
3.	迟到	chídào	(to) be late (for an appointment, work, or school)
4.	挤	jǐ	to push one's way in
5.	高峰	gāofēng	peak hour, rush hour
6.	站台	zhàntái	platform

根据短文的内容,判断下面的说法是否正确:

Indicate whether these statements are "true" or "false", according to the passage above:

(1) 北京和上海人不排队是因为公共汽车太少。 （　　）

(2) 因为担心迟到,所以很多人不排队。 （　　）

(3) 在中国,坐公共汽车的都是工人和学生。 （　　）

(4) 中国人坐地铁一般要排队。 （　　）

(5) 外国人到中国以后,坐公共汽车总是排队。 （　　）

4. 语段写作:

Writing exercise:

写一段话,介绍你们学校的情况。包括老师、学生的人数,他们是从什么国家来的等等。要求使用概数和分数表达。

Write a paragraph introducing some general information about your school, including the numbers of teachers and students, and their nationalities. Use round numbers and fractions.

第七课 叫 什 么 好

Lesson Seven   What's a Good Name?

练习A

1. 朗读下列词语：

Read aloud the following words and phrases:

一月份	十一月份	七八月份	几月份
有什么讲究	不讲究	讲究吃	在穿衣服方面很讲究
名人	名店	名城	名家
除了我	除了星期天	除了喝酒	除了学汉语
根据她的介绍	根据这些情况	根据什么	有没有根据
有些人	有些事情	有些贵	有些担心

2. 替换对话：

Substitution drills:

(1) A：听说你要去中国<u>学汉语</u>？。

B：是啊，我打算先<u>去北京学半年</u>,然后<u>去广州学半年</u>。

旅行	去北京看长城	去四川看熊猫
工作	学半年汉语	去中国公司工作

(2) A：几个房间都找过了吗？

　　B：除了卫生间，都找过了。

这些书	看	这本	看
附近的超市	去	SAFEWAY	去

(3) A：没想到你还会做中国菜。

　　B：怎么样，没看出来吧。

你还会画中国画	看出来
你的舞跳得这么好	看出来
是你在唱歌	听出来

练习 B

1. 下面左边的词语和右边的某一个词是同义词，请把它们连接起来：

Draw lines between the synonyms from these two columns of words:

(1) 大概　　　　　　a. 的确

(2) 十分　　　　　　b. 差点儿

(3) 几乎　　　　　　c. 非常

(4) 一共　　　　　　d. 总共

(5) 特别　　　　　　e. 本来

(6) 原来　　　　　　f. 特殊

(7) 实在　　　　　　g. 大约

2. 选词填空：

Choose the correct word to fill in the blanks:

　　　一般　　　普通

(1) 我星期天_____都不在家。

(2) 这是高级饭店，_____人不会到这里吃饭。

（3）我的英语水平还很_____。

（4）我爸爸是一个_____工人。

　　　　光　　　只

（1）我_____有十分钟时间，你快点说。

（2）你别_____喝酒，也吃点菜啊。

（3）_____我们学校就去了200多人。

（4）这次旅游花了很多钱，_____机票就是1万多。

　　　　有些　　　有点儿

（1）_____事情我现在不能跟你说。

（2）她好像_____不高兴。

（3）我找你_____事。

（4）_____东西你不用的时候就在你面前，可是要用的时候找不着了。

3. 给下面句子后面括号里面的词选择一个合适的位置：

　　Choose the correct place in each sentence for the given words:

（1）你记 A 住，B 去中国旅行的时候一定要带 C 护照 D。　　　　　（上）

（2）我认为 A 要是像这样学 B，半年 C 以后就差不多能说 D 得很好了。　　　　　　　　　　　　　　　　　　　　　　　　　　（下去）

（3）A 我 B 怎么 C 想不出来 D 这么好的主意呢。　　　　　　　（就）

（4）你 A 先弄 B 清楚事情的原因，C 然后 D 再想办法。　　　　　（得）

（5）A 考试的时候不能急，越急越 B 想 C 出 D 来。　　　　　　（不）

4. 把所给的词组成句子：

　　Make a sentence by placing the given words in the correct order:

　　（1）我　　你　　听　　是　　哪里人　　出来　　了　　吗

(2) 他的名字　　想　　现在　　我　　起来　　了　　不

(3) 实在　　学　　我　　下去　　不　　了

(4) 以前　　睡觉　　不　　要　　关　　忘记　　空调　　上

(5) 陈静　　不　　这件事　　怪　　能

5. 用"非……不可"改说下面的句子：

Rephrase these sentences using the "非……不可" pattern：

(1) 睡觉以前,我一定要把今天的作业做完。

(2) 他要这么做,我们也没有办法。

(3) 你如果把我当朋友,这杯酒你一定要喝。

(4) 我把妈妈的衣服弄脏了,妈妈回来肯定会骂我的。

(5) 林娜要是知道了这件事,一定会气死。

6. 用所给的词填空：

Fill in the blanks with the given words：

名人　　决定　　像　　讲究　　坚持　　去世　　玩笑

马克　1　去中国学习汉语。他听说中国人取名字很　2　,就想请白小红帮他取一个地道的中国名字,听起来不　3　外国人的那种。白小红告诉马克,中国人的名字有的有讲究,有的没有讲究。可是马克　4　要白小红给他取一个。白小红就和马克开起了　5　,让他叫马克思。马克思在中国是一个__6__,不过已经__7__很多年了。马克不知道,其实现在有些年轻的父母喜欢给孩子取一个带点儿"洋味儿"的名字,这也许是一种新讲究吧。

7. 把下面的句子翻译成中文:

Translate the following sentences into Chinese:

（1）Her Mandarin has only a slight accent. If you don't pay attention, you can't even hear it.（V 不出来）

（2）I have to keep on persevering.（V 下去）

（3）Except for Jack, none of us have been to China.（除了）

（4）According to Mr. Zhang's introduction, there are many people with the same surname and first name in China.（根据）

（5）You can't blame other people for this matter. You can only blame yourself for being careless.（怪）

练习C

1. 听力理解:

Listening comrehension:

根据听到的内容,选择正确的答案:

Listen to the conversations, then choose the correct answer to each question:

对话A

（1）这段对话可能发生在什么地方?

　　A. 学校　　　　B. 饭店　　　　C. 电影院门口

(2) 男的为什么来晚了？

    A. 他住的地方比较远

    B. 他在和外国朋友互相学习

    C. 他想不出来好听的名字

对话 B

(1) 女的觉得自己怎么样？

    A. 有点胖   B. 有点瘦   C. 太忙了

(2) 男的觉得女的怎么样？

    A. 有点胖   B. 有点瘦   C. 太忙了

对话 C

(1) 女的和男的可能是什么关系？

    A. 同学   B. 朋友   C. 夫妻

(2) 男的在干什么？

    A. 看书   B. 查词典   C. 想问题

短文

(1) 关于那句很有名的话，下面哪个说法是正确的？

    A. 我想不起来怎么说了。

    B. 好像是跟毛巾有关系。

    C. 说的是一般情况。

(2) 一般来说，下面哪个说法是正确的？

    A. 穿得不怎么样的人可能是公司老板

    B. 看一个人穿得怎么样就知道他是什么样的人。

    C. 看一个人有没有能力，不能只看他长什么样。

（3）下面哪一个不是说话人的意思？

      A．可以根据穿的衣服看出那个人的基本情况。

      B．只根据穿衣服很难看出那个人怎么样。

      C．有时候，穿得不怎么样的人也可能有很多钱。

（4）很多中国人为什么讲究穿？

      A．因为他们很有钱。

      B．因为他们喜欢漂亮的衣服

      C．因为他们不愿意让别人看不起。

2．口语表达：

Oral practice：

说一说你的中文名字是怎么来的？有什么讲究吗？

Talk about how you got your Chinese name. Is there anything special about it?

讨论：你觉得名字重要吗？

Discuss：Do you think that names are important?

3．阅读理解：

Reading comprehension：

> 很多中国人有两个名字：小名儿和大名儿。小名儿一般是上学以前的名字，是自己家里人叫的，所以父母给孩子取小名儿的时候比较随便；大名儿是上学以后用的名字，是让别人叫的，取名的时候就认真多了。
>
> 以前很多父母不认识字，取不出来有讲究的名字，如果他姓王，第一个孩子的小名儿就叫王大，第二个就是王二，然后是王三、王四。大名儿就得讲究一些了，很可能就是"王富、王贵、王有、王余"。你看，"富贵有余"，将来有的是钱。

现在一般的家庭只有一个孩子，而且父母自己一般也是独生子女。孩子姓谁的姓好呢？如果你看到一个名字叫"张杨"，那么这个人的父母很可能一个姓张，一个姓杨。

很多中國人有兩個名字：小名兒和大名兒。小名兒一般是上學以前的名字，是自己家裏人叫的，所以父母給孩子取小名兒的時候比較隨便；大名兒是上學以后用的名字，是讓別人叫的，取名的時候就認真多了。

以前很多父母不認識字，取不出來有講究的名字，如果他姓王，第一個孩子的小名兒就叫王大，第二個就是王二，然后是王三、王四。大名兒就得講究一些了，很可能就是"王富、王貴、王有、王余"。你看，"富貴有余"，將來有的是錢。

现在一般的家庭只有一个孩子，而且父母自己一般也是獨生子女。孩子姓誰的姓好呢？如果你看到一个名字叫"張楊"，那麼這個人的父母很可能一个姓張，一个姓楊。

补充词语：

Supplementary words:

1. 家庭　　　　jiātíng　　　　family
2. 小名儿　　　xiǎomíngr　　　pet name for a child, childhood name
3. 大名儿　　　dàmíngr　　　　one's formal name
4. 独生子女　　dúshēngzǐnǚ　　only son or daughter
5. 富贵有余　　fùguìyǒuyú　　　to have wealth, honour, and surplus

根据短文的内容，判断下面的说法是否正确：

Indicate whether these statements are "true" or "false", according to the passage above:

(1) 中国人都有两个名字。　　　　　　　　　　　　　　（　　）

(2) 小名儿是上学以前取的，大名儿是上学以后取的。　（　　）

(3) 以前很多父母不愿意给孩子取有讲究的名字。　　　（　　）

(4) 独生子女"张杨"的爸爸可能姓张，妈妈可能姓杨。（　　）

4．语段写作：

Writing exercise：

写一段话，谈谈你对名字的看法。

Write a paragraph discussing your opinions about names.

第八课　端午节的故事

Lesson Eight　The Story of the Dragon Boat Festival

练习 A

1. 朗读下列词语：

Read aloud the following words and phrases:

春节前后	"五一"前后	吃饭前后	放假前后
路过那个商店	路过这里	路过他们家	从那儿路过
结婚了	结过两次婚	跟谁结婚	结婚几年了
救人	救命	救火	救出来了
偷偷地进去	轻轻地说	慢慢地走	高高兴兴地去旅行
劝她别生气	别劝她了	劝他一起去	不听我的劝

2. 替换对话：

Substitution drills:

（1）A：你怎么搞的？不是说好<u>八点半</u>了吗？

　　　B：对不起，<u>昨天晚上喝醉了</u>。

十一点	路上堵车了
九点	刚才接了个电话
一点半	跟几个朋友一起吃午饭，刚吃完。

（2）A：下雨了，你把衣服 收进来吧。

B：好，我马上就去。

下雨	雨伞	找出来
刮风	窗户	关上
出太阳	窗户	打开

（3）A：昨天小王家来了很多客人。

B：你怎么知道？

A：我看见小王家门口停着好几辆自行车。

小张家	老外	站着好几个外国人
博物馆	游客	停着好几辆旅游车
我们学校	小学生	坐着很多小朋友

练习 B

1. 辨字组词：

Fill in the blanks to form words or phrases:

跑_____　　跳_____　　踢_____　　路_____

愿_____　　念_____　　忽_____　　感_____

达_____　　道_____　　通_____　　迷_____

题_____　　颗_____　　顺_____　　预_____

2. 选词填空：

Choose the correct word to fill in the blanks:

后来　　以后

（1）我想九月份_____再去中国。

（2）我们一起去看了一场电影，_____我就回家了。

（3）这次就算了，_____一定要注意，不能再这样了。

（4）自从那件事发生＿＿＿＿＿＿，我就没有再见过他。

3. 给下面句子后面括号里面的词选择一个合适的位置：

Choose the correct place in each sentence for the given words:

（1）A 林娜 B 和江山 C 八点半 D 在学校门口见面。 （说好）

（2）A 我的雨伞让 B 一个朋友 C 拿 D 走了。 （给）

（3）开始 A 不习惯，B 后来 C 就习惯了 D。 （慢慢）

（4）我 A 想起来一个问题 B：他 C 是怎么 D 知道我的电话号码的？

（忽然）

（5）A 看见你 B 不在，C 他们 D 走了。 （就）

4. 把所给的词组成句子：

Make a sentence by placing the given words in the correct order：

（1）按照 你 应该 告诉 老师 你 的 去 办法 做

（2）林娜 男朋友 被 给 哭 了 气

（3）酒 他们 让 喝 给 了 完

（4）她 就 不 好吃 只 吃了 说 一口

（5）很多 人 当时 有 在 热闹 看

5. 改说句子：

Rephrase these sentences according to the examples below：

例：桌子上放着一本书。

⇨ （有一本）书在桌子上放着。

我的钱包被小偷偷走了。

⇨ 小偷把我的钱包偷走了。

（1）前面走过来了一个小伙子。

（2）树上掉下来一片树叶。

（3）沙发上坐着一个姑娘

（4）两位姑娘被许仙的行为感动了。

（5）他昨天晚上被汽车给撞伤了。

6. 用所给的词填空:

Fill in the blanks with the given words:

说好　伤心　关心　纪念　醉　救　前后　故事

白小红昨天晚上喝____1____了,所以今天早上起来得比较晚。本来她和江山____2____八点半见面,可她迟到了十分钟。江山有点儿生气,白小红决定请江山去中国城吃粽子,还给江山讲了一个端午节的____3____。中国人在端午节那天要吃粽子,有些地方还要在端午节____4____举行龙舟比赛。这些都是为了____5____古代的一位诗人。这位诗人叫屈原。他爱自己的国家,____6____普通人的生活。他自杀的时候,很多人划船去____7____他。他去世了,很多人都很____8____。

7. 把下面的句子翻译成中文:

Translate the following sentences into Chinese:

（1）A special guest has come to our house today.（NL 来了…）

（2）I went in and saw a very pretty girl sitting on the sofa.（NLV 着）

(3) Up ahead there's a bus driving over. (V 过来)

(4) A computer is placed on the desk. (V 着)

(5) Xu Xian was terrified by the white snake lying on the bed. (被)

练习 C

1. 听力理解：

Listening comprehension：

根据听到的内容,选择正确的答案：

Listen to the conversations, then choose the correct answer to each question：

对话 A

(1) 现在几点？

　　A. 七点半　　　　　　B. 八点　　　　　　C. 八点半

(2) 女的要去哪儿？

　　A. 学校门口

　　B. 公司门口

　　C. 电影院门口

对话 B

(1) 他们要去哪儿？

　　A. 学校　　　　　　B. 动物园　　　　　　C. 不知道

(2) 他们准备坐几路公共汽车？

　　A. 9 路　　　　　　B. 19 路　　　　　　C. 29 路

对话 C

(1) 女的进去以前,老板房间里有几个人？

A. 两个   B. 3个   C. 4个

(2)女的为什么没有跟老板说?

    A. 老板不在

    B. 老板没看见她

    C. 老板房间有不认识的人

短文

(1) 庙里的和尚要到哪里去弄水喝?

    A. 山上的河里

    B. 山下的河里

    C. 很远的地方

(2) 第二个和尚来了一个月以后,他们怎么弄水喝?

    A. 今天你去,明天我去

    B. 总是第二个和尚去

    C. 每天都是两个人一起去

(3) 第三个和尚一个人挑了多长时间的水?

    A. 半个月

    B. 一个月

    C. 一个半月

(4) 三个和尚为什么没水喝?

    A. 他们老是吵架

    B. 他们都不愿意多干

    C. 河里没有那么多水

2. 口语表达:

Oral practice:

讲一个民间故事。

Tell a folk tale.

3. 阅读理解：

Reading comprehension：

中国古代还有一个著名的爱情故事也发生在杭州。这个故事叫"梁山伯和祝英台"。

祝英台是一个女孩子。她很想读书。但是古代女人是不能去学校读书的。于是她就打扮成男人，到杭州一个有名的学校读书。在学校里，祝英台和一个叫梁山伯的同学成了好朋友，他们同学三年，吃和住都在一起，但是梁山伯一直没有发现祝英台是女孩儿。

祝英台爱上了梁山伯，可是梁山伯不知道她是女孩子。怎么办呢？祝英台就请老师的太太帮忙。然后自己一个人回到了家乡。

祝英台走后，梁山伯很想念她。于是就向老师请假去看祝英台。老师的太太告诉梁山伯，其实祝英台是一个姑娘。梁山伯这时才明白，他马上就赶到祝英台家。但是祝英台伤心地告诉他，父亲不同意他们结婚，非要她和一个贵族青年结婚不可。梁山伯非常伤心，回去以后不久就病死了。去世以前，他让爸爸妈妈把他埋在祝英台结婚时路过的地方。

祝英台结婚那天，坚持要到梁山伯的坟墓前看看。她伤心的哭声感动了上天，本来很好的天气，忽然刮起了大风，下起了大雨。突然，梁山伯的坟墓打开了，祝英台跳了进去。

风停了，雨也停了，梁山伯的坟墓又合上了，从坟墓里飞出了两只彩色的蝴蝶。人们说，那是梁山伯和祝英台变成的。

中國古代還有一個著名的愛情故事也發生在杭州。這個故事叫"梁山伯和祝英臺"。

祝英臺是一個女孩子。她很想讀書。但是古代女人是不能去學校讀書的。於是她就打扮成男人，到杭州一個有名的學校讀書。在學校裏，祝英臺和一個叫梁山伯的同學成了好朋友，他們同學三年，吃和住都在一起，但是梁山伯一直沒有發現祝英臺是女孩兒。

祝英臺愛上了梁山伯，可是梁山伯不知道她是女孩子。怎麼辦呢？祝英臺就請老師的太太幫忙。然後自己一個人回到了家鄉。

祝英臺走後，梁山伯很想念她。于是就向老師請假去看祝英臺。老師的太太告訴梁山伯，其實祝英臺是一個姑娘。梁山伯這時纔明白，他馬上就趕到祝英臺家。但是祝英臺傷心地告訴他，父親不同意他們結婚，非要她和一個貴族青年結婚不可。梁山伯非常傷心，回去以後不久就病死了。去世以前，他讓爸爸媽媽把他埋在祝英臺結婚時路過的地方。

祝英臺結婚那天，堅持要到梁山伯的墳墓前看看。她傷心的哭聲感動了上天，本來很好的天氣，忽然刮起了大風，下起了大雨。突然，梁山伯的墳墓打開了，祝英臺跳了進去。

風停了，雨也停了，梁山伯的墳墓又合上了，從墳墓里飛出了兩只彩色的蝴蝶。人們說，那是梁山伯和祝英臺變成的。

补充词语:

Supplementary words:

1.	古代	gǔdài	ancient times
2.	打扮	dǎban	to disguise, dress up
3.	贵族	guìzú	aristocracy, nobility
4.	埋	mái	to bury
5.	坟墓	fénmù	tomb
6.	突然	tūrán	suddenly
7.	合	hé	to close sth. up
8.	彩色	cǎisè	colourful, colour
9.	蝴蝶	húdié	butterfly
10.	梁山伯	Liáng Shānbó	name of a person
11.	祝英台	Zhù Yīngtái	name of a person

根据短文内容,判断下面的说法是否正确:

Indicate whether these statements are "true" or "false", according to the passage above:

    (1) 在中国古代,女人不能读书。   (   )

    (2) 祝英台一直没有告诉梁山伯自己是女孩子。   (   )

    (3) 梁山伯很伤心,是因为祝英台又爱上了一个贵族青年。 (   )

    (4) 梁山伯的坟墓是上天打开的。   (   )

    (5) 梁山伯和祝英台死了以后,变成了两只彩色的蝴蝶。 (   )

4. 语段写作:

Writing exercise:

    写一个你听说过的传说故事。

Write out a legend that you have heard before.

第九课　孔夫子搬家

Lesson Nine　Confucius Moving House

1. 朗读下列词语：

Read aloud the following words and phrases:

绝对没问题	绝对不知道	绝对不行	绝对可以
关于这个问题	关于人口问题	关于环境的书	关于蛇的故事
忍不住笑了	忍不住哭了	忍不住想抽烟	实在忍不住
显得很漂亮	显得很认真	显得很着急	显得我很小气
除了客厅以外	除了上课以外	除了好朋友以外	八小时以外
亲眼看见	亲耳听见	亲口告诉我	亲手交给她

2. 替换对话：

Substitution drills:

(1) A: 唉, 又写错了一个。汉字可真难写啊。

B: 是啊, 别说外国人了, 就是中国人也经常写错字。

你	我
学生	老师
刚开始学	学了很长时间以后

(2) A: 我看这件好。你穿这件显得特别<u>漂亮</u>。

B: <u>漂亮是漂亮</u>,可是<u>太贵了</u>。

好看	有点儿贵
年轻	我不喜欢这种颜色
活泼	我不希望显得太活泼。

(3) A: <u>从你家到学校</u> <u>坐公共汽车</u>要多长时间?

B: 至少得<u>两</u>个小时。

从你家到公司	开车	半
从北京到上海	坐飞机	一
从上海到南京	坐火车	三

练习 B

1.把同义词连接起来:

Draw lines between the synonyms from these two columns of words:

(1) 尤其   a.最少

(2) 居然   b.一般

(3) 普通   c.光

(4) 只   d.认为

(5) 觉得   e.知识

(6) 至少   f.竟然

(7) 学问   g.特别

2.选词填空:

Choose the correct word to fill in the blanks:

绝对   一定

(1) 这件事_____不能告诉她。

(2) 明天我不_____有时间。

（3）你说的话我_____相信。

（4）这事儿_____不可能。

给　　替

（1）你见到王经理,_____我问个好。

（2）你_____我们唱个歌吧。

（3）我是医生,_____病人看病是我的工作。

（4）我看 6 号不行了,快让 8 号把他_____下来。

3. 给下面句子后面括号里面的词选择一个合适的位置：

Choose the correct place in each sentence for the given words:

（1）A 机票的事儿 B,C 等我联系好了再告诉 D 你。　　　　（关于）

（2）A 世界 B 上没有 C 不可能 D 发生的事情。　　　　（绝对）

（3）A 已经 10 点了,B 你 C 还 D 在睡觉。　　　　（居然）

（4）A 你们大家,B 是小王,以后要 D 注意这方面的问题。　　　（尤其）

（5）A 听了我的话,B 她 C 笑 D 了起来。　　　　（忍不住）

4. 把所给的词组成句子：

Make a sentence by placing the given words in the correct order:

（1）林娜　替　我　让　买　她　点儿　苹果

（2）我　不　相信　绝对　她　会　做　这么　居然

（3）这件事　你　关于　还　什么　知道　一些

（4）至少　一个星期　我　要　路过　那个地方　两次

（5）好像　并　她　没有　生气

5. 改说句子:

Rephrase these sentences according to the examples below:

例：现在的书虽然很贵,但是印刷得很漂亮。

⇨ 现在的书贵是贵,但是印刷得很漂亮。

郑教授家书房、客厅、两个卧室都有书,厨房和卫生间没有书。

⇨ 除了厨房和卫生间以外,郑教授家每个房间都有书。

(1) 这件衣服虽然有点贵,但是的确很漂亮。

(2) 那个地方的东西虽然很便宜,可是"便宜没好货"。

(3) 张老师的普通话虽然很地道,但是有时候说得太快了。

(4) 我星期一、星期二、星期四、星期五都要上课,星期三不上课。

(5) 我们班只有林娜是东方人。

6. 用所给的词填空:

Fill in the blanks with the given words:

忍不住　绝对　居然　关于　亲眼　古代　关系

马力　__1__　没有想到,他和高一飞的篮球比赛　__2__　跟孔夫子有关。　__3__　孔子,马力只知道他是中国　__4__　最有学问的人,也是一个非常好的老师。所以他　__5__　要问高一飞,"孔夫子搬家"跟他们的篮球比赛有什么　__6__　。其实"孔夫子搬家——全是书"是一句玩笑话,谁也没有　__7__　见过孔夫子搬家。

7. 把下面的句子翻译成中文:

Translate the following sentences into Chinese:

(1) If there are any good books, buy one for me. (替)

(2) As to the matter of landed-immigrancy, you'd better go ask the Bureau of Immigration. (关于)

(3) She doesn't like to be teased by others. (跟)

(4) In many respects, Asian people should learn from Westerners. (向)

(5) According to what we understand of the situation, this matter has nothing to do with him. (跟)

练习 C

1. 听力理解:

Listening comprehension:

根据听到的内容,选择正确的答案:

Listen to the conversations, then choose the correct answer to each question:

对话 A

(1)"讨厌"的意思是

    A. 不喜欢

    B. 喜欢

    C. 不满意

(2)经常赌博的人不喜欢书是因为

    A. 书上没有那方面的知识

    B. 他们太忙,没有时间看书

    C. "书"和"输"发音一样。

对话 B

(1)女的买了多少牛奶?

    A. 1 盒

    B. 2 盒

    C. 3 盒

(2)林娜去图书馆借什么书?

    A. 中文书

    B. 关于中国的书

    C. 关于牛奶的书

对话 C

(1)男的在向女的学习什么?

    A. 做菜

    B. 说英语

    C. 做汤

(2)女的打算什么时候教男的?

    A. 明天

    B. 后天

    C. 以后再决定

短文

(1) 北方人喜欢的数字是

    A. 1、2、3   B. 2、7、9   C. 2、4、6、8

(2) 最喜欢"8"的是

    A. 北京人   B. 上海人   C. 广东人

(3) 喜欢或者不喜欢一个数字跟什么有关系?

    A. 习惯   B. 方言   C. 爱好

2. 口语表达:

Oral practice:

你经常买书吗? 喜欢买哪方面的书,为什么?

Do you often buy books? What kind of books do you like to buy? Why?

讨论:电子书会代替现在的书吗?

Discuss: Will electronic books eventually replace conventional books?

3. 阅读理解:

Reading comprehension:

最早的书是用竹子做的,这种竹子叫"竹简"。竹简很重,搬起来很不方便。有人就用丝帛代替竹简。可是那时候丝帛太贵了,一般的人用不起。怎么办呢? 于是中国古代的科学家就发明了纸。纸被发明以后,书就变得普通了。

书是知识和文化的象征。没有书就没有知识,没有文化。因此,中国人,不管是大学教授,还是普通工人,家里都有书。很多人家里还有专门的书房。

现在,书的印刷和包装越来越漂亮,可是价钱也越来越贵。很多人想进书店,可是又怕进书店。于是有人开始喜欢上了"电子书"。一张小小的光盘里面可以装几十本书。还有人喜欢上网看书。可是不久他们就发现,在电脑上看书不太方便,时间长了,眼睛也不舒服。更重要的是,感觉完全不一样。

最早的書是用竹子做的,這種竹子叫"竹簡"。竹簡很重,搬起來很不方便。有人就用絲帛代替竹簡。可是那時候絲帛太貴了,一般的人用不起。怎麼辦呢? 於是中國古代的科學家就發明了紙。紙被發明以後,書就變得普通了。

書是知識和文化的象徵。沒有書就沒有知識,沒有文化。因此,中國人,不管是大學教授,還是普通工人,家裏都有書。很多人家裏還有專門的書房。

現在,書的印刷和包裝越來越漂亮,可是價錢也越來越貴。很多人想進書店,可是又怕進書店。於是有人開始喜歡上了"電子書"。一張小小的光盤裏面可以裝幾十本書。還有人喜歡上網看書。可是不久他們就發現,在電腦上看書不太方便,時間長了,眼睛也不舒服。更重要的是,感覺完全不一樣。

补充词语:

Supplementary words:

1. 竹简　zhújiǎn　bamboo slip (used as a writing medium in ancient times)
2. 丝帛　sībó　silk cloth
3. 代替　dàitì　to substitute, replace
4. 科学家　kēxuéjiā　scientist
5. 不管　bùguǎn　no matter (what, how, etc.), regardless of
6. 专门　zhuānmén　special
7. 光盘　guāngpán　CD-ROM

根据短文的内容,判断下面的说法是否正确:

Indicate whether these statements are "true" or "false", according to the passage above:

(1) 有人用丝帛代替竹简是因为丝帛比竹简漂亮。　　　　(　　)

(2) 发明了纸以后,普通人也买得起书了。　　　　　　(　　)

(3) 有些人家里摆上书是担心别人觉得他没有文化。　　　(　　)

(4) "电子书"也是用纸做的。　　　　　　　　　　　(　　)

(5) 有些人觉得在电脑上看书没有看书的感觉。　　　　(　　)

4. 语段写作：

Writing exercise：

写一段话，内容是关于"同音词"的。

Write about an incident which resulted from a misunderstanding of homonyms.

第十课　还是庄重点儿好

Lesson Ten   Better Be a Little More Seriousus

练习 A

1. 朗读下列词语：

Read aloud the following words and phrases:

急疯了	急坏了	急死了	急得要命
敢做	敢说	不敢说	没敢告诉她
随手	随手关门	随口	随口说的
舍不得吃	舍不得扔	舍不得花钱	舍不得离开
一直往前走	一直在下雨	一直不知道	一直不敢告诉她
反正要去	反正不去	反正都一样	反正不是我的

2. 替换对话：

Substitution drills:

(1) A：干脆一起去看<u>篮球比赛</u>吧。

　　B：去就去，反正<u>我这会儿也没事儿</u>。

喝一杯	明天也不上课
打牌	我有的是时间
踢足球	我也要锻炼身体

（2）A：咱们明天一起去书店吧。

B：行啊。明天什么时候？在哪儿见面？

A：明天9点，咱们在学校门口见面，不见不散。

B：不见不散。

参观故宫	故宫
看电影	电影院
爬山	香山公园

（3）A：不用给他打电话了吧？

B：还是打一个比较好。

写名字	写上
带照相机	带上
穿得那么讲究	穿得庄重一点

练习 B

1. 选词填空：

Choose the correct word to fill in the blanks：

一直　　从来

（1）我听说过他，但是＿＿＿＿＿＿没见过。

（2）大学毕业以后，我＿＿＿＿＿＿在这个公司工作。

（3）你什么时候见我喝过酒？我＿＿＿＿＿＿不喝酒。

（4）昨天我＿＿＿＿＿＿在家里，哪儿也没去。

2. 给下面句子后面括号里面的词选择一个合适的位置：

Choose the correct place in each sentence for the given words：

（1）从来 A 没有人 B 这么 C 跟我们老板 D 说话。　　　　　　（敢）

（2）A 在家也 B 没事，C 一起 D 去看电影吧。　　　　　　（反正）

(3) A 反正也 B 累了, C 早点儿 D 睡觉吧。　　　　　　　　（干脆）

(4) A 我 B 想 C 买一本汉英－英汉词典 D。　　　　　　　　（一直）

(5) A 我 B 认为 C 给他 C 打个电话 D 比较好。　　　　　　　（还是）

3. 把所给的词组成句子：

Make a sentence by placing the given words in the correct order：

(1) 我　敢　一个人　去　不　旅行

(2) 老王　想到　没　四十岁　才　下岗　就　了

(3) 昨天晚上　饭　没　吃　也　就　我　睡觉　了

(4) 他　四十多　岁　今年　都　了

(5) 外国人　又　没　不是　见过　我

4. 改说句子：

Rephrase these sentences according to the examples below：

例：才 12 点，还早呢。

　　⇨　都 12 点了，还早啊？

　　我早上 8 点钟就起床了。

　　⇨　我早上 8 点钟才起床。

(1) 他今年才 35 岁，还年轻着呢。

(2) 比赛才开始半个小时。

(3) 我昨天 12 点才睡觉。

(4) 他们走了以后,我就走了。

(5) 都 11 点了,他们才来。

5. 用所给的词填空：

Fill in the blanks with the given words:

报名　一直　假装　敢　瞒　消息　培训　适合

老黄知道自己肯定会下岗,因为他的公司最近几年　1　不赚钱。不过真的下岗了,他还是比较着急。开始的时候,他不　2　告诉妻子,每天还　3　去上班。但他知道不可能老是　4　下去。不过他相信,反正总能找到　5　自己的工作。前天,老黄从电视上看到一个好　6　,政府为像他这样的人办了很多　7　班。他决定去　8　。等学到了新技术,他会找到新工作的。

6. 把下面的句子翻译成中文：

Translate the following sentences into Chinese：

(1) This lipstick is the one my mother bought for me in Paris; I am reluctant to use it. (一直)

(2) I went shopping at several malls and with great difficulty found a suitable dress for my mother to wear. (才)

(3) Don't hesitate. You don't have anything to do at home, anyway.

(反正)

(4) I am not worried at all. What are you worrying about? (都)

(5) I simply do not believe that you can keep on hiding the truth. (就)

练习 C

1. 听力理解：

Listening comprehension:

根据听到的内容,选择正确的答案:

Listen to the conversations, then choose the correct answer to each question:

对话 A

(1) 女的本来不想去饭店吃饭,是因为什么?

　　A. 怕花钱　　　　B. 饭店太远　　　　C. 今天天气很奇怪

(2) 女的觉得老板平时怎么样?

　　A. 很小气　　　　B. 很大方　　　　C. 很热情

对话 B

(1) 女的今年多大了?

　　A. 40 岁　　　　B. 三十八九岁　　　　C. 40 多岁

(2) 男的今年多大了?

　　A. 59 岁　　　　B. 60 岁　　　　C. 61 岁

对话 C

(1) 火车几点开车?

　　A. 6 点　　　　B. 6 点半　　　　C. 7 点

(2) 女的担心什么?

　　A. 路上车多　　　　B. 路上人多　　　　C. 火车太快

短文

(1) 关于大学四年级的学生,下面哪个说法是正确的?

　　A. 很多人身体不舒服,头疼

B. 都想找一个好工作

C. 想自己当老板

(2) 关于找工作，下面哪个说法是不正确的？

A. 都要面试

B. 什么工作都很难找

C. 竞争的人很多

(3)关于面试，下面哪个说法是正确的？

A. 面试的人不正常

B. 面试的人经常问一些跟工作没有关系的问题

C. 面试的人有点让人受不了

(4) 下面哪一个可能不是面试的问题？

A. 有没有男朋友

B. 有没有女朋友

C. 有没有结婚

2. 口语表达：

Oral practice:

找工作的时候应该怎么打扮？

Talk about how a person should dress for a job interview.

3. 阅读理解：

Reading comprehension:

　　以前中国的大学生不用自己找工作，也不能自己找工作。国家安排你做什么工作，你就得做什么工作。现在不一样了，国家不管了，全看你自己的本事。所以很多大学生从三年级就开始找工作。

　　人人都希望找个好工作。什么是好工作呢？很多人认为工资高的工作就是好工作。当然如果比较轻松，不太辛苦，那就更好了。

大學畢業生越來越多,找工作時的競爭也越來越激烈。怎么才能成功呢?只有好成績是不够的,還要想別的辦法。在這方面,女大學生的辦法就比男大學生多,比如打扮得漂亮一些啦,穿上性感一些的衣服啦等等。

以前中國的大學生不用自己找工作,也不能自己找工作。國家安排你做什麽工作,你就得做什麽工作。現在不一樣了,國家不管了,全看你自己的本事。所以很多大學生從三年級就開始找工作。

人人都希望找個好工作。什麽是好工作呢?很多人認爲工資高的工作就是好工作。當然如果比較輕鬆,不太辛苦,那就更好了。

大學畢業生越來越多,找工作時的競爭也越來越激烈。怎麽繞能成功呢?只有好成績是不够的,還要想別的辦法。在這方面,女大學生的辦法就比男大學生多,比如打扮得漂亮一些啦,穿上性感一些的衣服啦等等。

补充词语:

Supplementary words:

1.	管	guǎn	to take care of, manage
2.	本事	běnshi	skill, ability, capability
3.	激烈	jīliè	intense, fierce, sharp
4.	成绩	chéngjì	achievement
5.	打扮	dǎban	to dress up, make oneself up

根据短文内容,判断下面的说法是否正确:

Indicate whether these statements are "true" or "false", according to the passage above:

(1) 以前中国大学生很容易就能找到工作。

(2) "全看你自己的本事"意思是你找什么样的工作跟国家没关系。

(3) 很多人觉得好工作的标准就是工资高不高。

(4) 女大学生比男大学生更容易找到工作。

4. 语段写作：

Writing exercise：

写一段话，谈谈你对工作的看法：什么是好工作？

Write a paragraph discussing your opinions about occupations; what is a good job?

第十一课 "要"还是"借"
Lesson Eleven   To "Take" or to "Borrow"

练习A

1. 朗读下列词语:

Read aloud the following words and phrases:

一部分同学	大部分同学	大部分时间	几个部分
想法	看法	说法	做法
可笑	可爱	可气	可口
仔细看	仔细想	仔细听	仔细找
主要节目	主要课程	主要演员	主要对手
吃完饭再说	下课再说	去了再说	买了再说

2. 替换对话:

Substitution drills:

(1) A: 老师也不能进去吗?

B: 不论是谁,都不能进去。

外国人	出去
记者	拍照
总统	坐

(2) A：还在<u>不高兴</u>啊？

B：嗯。

A：算了，事情已经过去了。再说，<u>这事本来跟你也没什么关系</u>。

不开心	不就是 100 块钱么。
生气	这次不行还有下次。
伤心	伤心也没有什么用，以后注意就行了。

(3) A：你还是多<u>带点儿钱</u>吧，万一<u>看见什么喜欢的东西</u>呢？

B：好吧，听你的。

带上雨伞	下雨
给公司打个电话	有什么事
去医院看看	有什么问题

练习 B

1. 选词填空：

Choose the correct word to fill in the blanks:

主要　　重要

(1) 我这次来_____是想了解一下情况。

(2) 这是一个很_____的问题。

(3) 上海是中国最_____的城市之一。

(4) "打工太辛苦"是中国父母不愿意让孩子打工的一个_____原因。

了解　　理解

(1) 中国人的一些想法西方人很难_____。

(2) 我们是好朋友，对他的情况我比较_____。

(3) 如果你想_____中国历史，你应该去西安。

(4) 他这样做一定有他的道理,希望你能_____他。

2. 给下面句子后面括号里面的词选择一个合适的位置:

Choose the correct place in each sentence for the given words:

(1) 只有选一个好专业,A 将来 B 能 C 找到 D 好工作。 (才)

(2) 只要打个电话,A 他们 B 会把飞机票 C 给你 D 送来。 (就)

(3) A 不管什么时候 B 来,C 我 D 欢迎。 (都)

(4) 即使你自己 A 不想移民,B 要 C 替你女朋友 D 想想。 (也)

(5) 虽然我 A 很想跟他们一起去,B 可我 C 一直 D 没有时间。 (却)

3. 把所给的词组成句子:

Make a sentence by placing the given words in the correct order:

(1) 你 再说 的 事儿 以后

(2) 移民局 万一 不 怎么办 批准

(3) 我 这件事 觉得 不 并 可笑

(4) 这 是 仅仅 不 钱 问题 的

(5) 你 好好 这 段 利用 时间 应该

4. 改说句子:

Rephrase these sentences according to the examples below:

例:你只要到了十八岁,就可以独立。

⇨ 你只有到了十八岁,才能独立。

只有在经济上独立了,你才能真正地独立。

⇨ 只要在经济上独立了,你就能真正地独立。

如果大学毕业以后找不到好工作怎么办？

　　　⇨　万一大学毕业后找不到好工作怎么办？

(1) 你只要打电话告诉他们，他们就会给你送来。

(2) 只要多说，你的口语水平就会有进步。

(3) 只有认真学习，你才能学会。

(4) 只有学好了英语，你才能找到一个好工作。

(5) 如果护照丢了怎么办？

(6) 要是他拒绝了怎么办？

5. 用所给的词填空：

Fill in the blanks with the given words:

　　　想法　仔细　理解　即使　既然　挣　不论　辛苦

　　西方人很难 ＿＿1＿＿ 中国的家庭关系。在中国，＿＿2＿＿ 孩子过没过十八岁，只要还在上学，都可以伸手向父母要钱，很少想到去自己打工 ＿＿3＿＿ 钱。父母也很少想到让孩子去打工，特别是女孩儿，因为打工太 ＿＿4＿＿ 了。

　　很多中国父母认为，自己的钱就是孩子的钱。＿＿5＿＿ 孩子已经结婚了，在父母面前也还是孩子。自己挣钱就是给孩子花的。＿＿6＿＿ 自己还有办法挣钱，为什么要让孩子去打工呢？＿＿7＿＿ 想想，这种 ＿＿8＿＿ 也有道理。

6. 把下面的句子翻译成中文：

Translate the following sentences into Chinese:

　　(1) As long as you dare to go, I will dare to go.（只要……，就……）

(2) Only if the customer feels satisfied will he come back the next time. (只有……,才……)

(3) Even if (it means) I don't get to sleep tonight, I am going to finish doing my homework. (哪怕……,也……)

(4) Regardless of whether one is an adult or a child, every person must buy a ticket to travel by plane. (不论……,都……)

(5) Since you are not satisfied, then don't buy it. (既然……就……)

练习 C

1. 听力理解:

Listening comprehension:

根据听到的内容,选择正确的答案:

Listen to the conversations, then choose the correct answer to each question:

对话 A

(1) 女的可能是什么人?

    A. 中学生   B. 大学生   C. 大学毕业生

(2) 男的和女的可能是什么关系?

    A. 爸爸和女儿

    B. 哥哥和妹妹

    C. 老师和学生

对话 B

(1) 儿子要钱是为了给谁买礼物?

    A. 女朋友   B. 好朋友   C. 同学

(2) 妈妈不满意儿子什么?

A. 不赚钱　　　　　　B. 随便花钱　　　　　C. 经常要钱

对话 C

(1) 女的给几个学生当家庭教师?

　　A. 1 个　　　　　　B. 两个　　　　　　C. 3 个

(2) 女的可能是什么人?

　　A. 大学生　　　　　B. 大学老师　　　　　C. 中学老师

短文

(1) 根据这段话,中国大学生很少打工有几个原因?

　　A. 1 个　　　　　　B. 两个　　　　　　C. 3 个

(2) 在饭店打工的人一个小时多少钱?

　　A. 两元　　　　　　B. 3 元　　　　　　C. 4 元

(3) 关于中国大学生平时不打工的原因,哪一条是这段话里没有说到的?

　　A. 打工挣的钱太少

　　B. 打工太辛苦

　　C. 他们可以打工的时间比较少

(4) 下面哪个说法是正确的?

　　A. 除了假期,中国的大学生都不愿意打工

　　B. 中国老板没有请"小时工"的习惯

　　C. 大学生平时学习很忙,根本没有时间打工

2. 口语表达:

Oral practice:

你跟父母"借"钱还是"要"钱?

Do you "take" or "borrow" money from your parents?

讨论:大学生花父母的钱,将来要不要"还"?

Discuss: Should university students pay back the money that their parents have spent on them?

3. 阅读理解：

Reading comprehension：

　　小张是从农村来的，他父母每个月只能给他寄 200 块钱。可是在北京，这点儿钱连生活费都不够，怎么办呢？

　　他想到了打工。可是看看周围的同学，打工的还真不多。有些同学每个月花的钱是他的几倍，可是他们根本不考虑钱的问题。他们花多少父母就寄多少。没办法，谁让人家有好爸爸、好妈妈呢？

　　也有像他一样从农村来的，但是他们也不愿意打工。理由是打工太辛苦了，工资又很低，再说还影响学习。没钱怎么办？向银行贷款啊。现在贷款，毕业的时候再还，大学生贷款没有利息，到哪儿找这么好的事儿？

　　这话也有道理。可是小张还是有些犹豫。不怕一万，就怕万一，要是毕业以后找不到好工作，还不起贷款怎么办？还是辛苦点儿，去打工吧。

　　小張是從農村來的，他父母每個月只能給他寄 200 塊錢。可是在北京，這點兒錢連生活費都不夠，怎麼辦呢？

　　他想到了打工。可是看看周圍的同學，打工的還真不多。有些同學每個月花的錢是他的幾倍，可是他們根本不考慮錢的問題。他們花多少父母就寄多少。沒辦法，誰讓人家有好爸爸、好媽媽呢？

　　也有像他一樣從農村來的，但是他們也不願意打工。理由是打工太辛苦了，工資又很低，再說還影響學習。沒錢怎麼辦？向銀行貸款啊。現在貸款，畢業的時候再還，大學生貸款沒有利息，到哪兒找這麼好的事兒？

　　這話也有道理。可是小張還是有些猶豫。不怕一萬，就怕萬一，要是畢業以後找不到好工作，還不起貸款怎麼辦？還是辛苦點兒，去打工吧。

补充词语：

Supplementary words：

1.	周围	zhōuwéi	around
2.	倍	bèi	times (multiplication)

3.	考虑	kǎolǜ	to consider, think sth. over
4.	理由	lǐyóu	reason
5.	影响	yǐngxiǎng	(to) influence, affect
6.	利息	lìxī	interest

根据短文内容,判断下面的说法是否正确:

Indicate whether these statements are "true" or "false", according to the passage above:

(1) 在北京,大学生每个月的生活费只需要200块钱。 　　（　　）

(2) 有些同学不打工是因为他们的爸爸妈妈对他们很好。 　　（　　）

(3) 不打工的同学父母都很有钱。 　　（　　）

(4) 没有利息的贷款是哪儿也找不到的事情。 　　（　　）

(5) 小张最后决定去打工,原因之一是担心将来还不起银行贷款。

（　　）

4. 语段写作:

Writing exercise:

写一段话,内容是关于"第一次打工"。

Write a paragraph about your first part-time job.

第十二课　买支红玫瑰
Lesson Twelve　Buy a Red Rose

1. 朗读下列词语：

Read aloud the following words and phrases：

过年	过节	过生日	过假期
对于我来说	对于公司来说	对于西方人来说	对于动物来说
算不上流利	算不上贵重	算不上漂亮	算不上有钱人
五颜六色	五湖四海	三朋四友	三心二意
某年	某月	某一天	某市
某校	某地	某某人	张某(某)

2：替换对话：

Substitution drills：

(1) A：你<u>最喜欢西方的什么</u>？

　　B：对于我来说，<u>这个是一个很难回答的问题</u>。

觉得什么是幸福	能做自己想做的事就是一种幸福
觉得语法难还是发音难	汉字最难
觉得这个是不是最好的	没有最好，只有更好

(2) A: 年轻人为什么喜欢过情人节?

B: 在我看来,最主要的原因是可以让爱情变得浪漫一些。

孩子们	圣诞节	可以得到礼物
女孩子	红玫瑰	红玫瑰象征着爱情
中国人过节	吃	以前的生活水平太低了

(3) A: 母亲节快到了,该买些礼物给妈妈了。

B: 是啊。可是买什么好呢?

A: 丝巾、袜子什么的,都可以呀。

父亲节	爸爸	烟啊、酒啊
圣诞节	孩子	玩具、巧克力
情人节	男朋友	衬衫、领带

练习 B

1. 把反义词连接起来:

Draw lines between the antonyms from these two columns of words:

(1) 至少   a. 赢

(2) 主人   b. 随便

(3) 输   c. 最多

(4) 仔细   d. 便宜

(5) 少数   e. 拒绝

(6) 贵重   f. 客人

(7) 接受   g. 多数

2. 选词填空：

Choose the correct word to fill in the blanks:

   对于   关于

(1) _____有些人来说,钱比爱情重要得多。

(2) _____这个问题,你干脆自己去问老板吧。

(3) 我听过很多_____狗和主人的故事。

(4) _____朋友,我觉得应该多一些理解。

   对于   对

(1) 他们_____我都很热情。

(2) _____西方人来说,汉字是最难的。

(3) 同学们_____这个问题都很感兴趣。

(4) 这些话绝对不能_____林娜说。

3. 给下面句子后面括号里面的词选择一个合适的位置：

Choose the correct place in each sentence for the given words:

(1) 我 A 到北京留学 B 是 C 想 D 学习地道的北京话。   （主要）

(2) 西方 A 节日 B 年轻人最喜欢 C 是圣诞节和情人节 D。   （的）

(3) A 有了钱, B 又有了时间, C 会想起来 D 去旅游。   （就）

(4) 他的 A 话让 B 人听起来觉得 C 有些 D 不舒服。   （多少）

(5) A 其实 B 没有什么, C 不 D 就是丢了 100 块钱吗?   （也）

4. 把所给的词组成句子：

Make a sentence by placing the given words in the correct order:

(1) 他 不 最好的朋友 就 相信 连 也 了

(2) 人 他的话 听了 使 很 不 舒服

(3) 10 万　数目　大　其实　算不上

(4) 吃　总是　没　意思　也　什么

(5) 我　主要　来　今天　是　想　情况　了解

5. 改说句子：

Rephrase these sentences according to the example below:

例：对于我来说，干什么工作都没关系。

　　⇨　干什么工作对于我来说都没关系。

(1) 对于学生来说，学习是主要的任务。

(2) 对于我来说，这点钱算不上什么。

(3) 在他看来，幸福就是能和自己喜欢的人结婚。

(4) 在西方人看来，东方人的很多想法都是很奇怪的。

(5) 在老板们看来，节日只是一个赚钱的好机会。

6. 用所给的词填空：

Fill in the blanks with the given words:

　　方式　传统　流行　好奇　浪漫　贵重　五颜六色

　　世界越来越小，节日却越来越多。现在，除了自己的＿＿1＿＿节日以外，中国人还要过外国的节日。年轻人比较＿＿2＿＿，在他们看来，圣诞节和情人节显得非常＿＿3＿＿。年纪大一些的人，特别是儿子女儿都已经长大了的父亲母亲们，也觉得在节日里收到孩子的礼物是非常开心的事。虽然礼物可能并不__4__,但这种过节的__5__让人感动。

当然,最开心的还是那些大大小小的老板们。什么节日什么时候过,今年过节__6__送什么礼物,商店门口、街道旁边__7__的广告上写得清清楚楚。生怕你忘记了。

7. 把下面的句子翻译成中文:

Translate the following sentences into Chinese:

(1) As far as young people are concerned, Valentine's Day is the most romantic holiday. (对于……来说)

(2) In children's eyes, there certainly is a Santa Claus in this world.

(在……看来)

(3) I waited for a long time, but they didn't come, so I went by myself. (于是)

(4) Presents for mothers are generally small gifts, such as silk scarves, socks, etc. (比如)

(5) When a holiday draws near, many people will go to buy presents. Consequently, this makes all the storeowners very happy. (这样一来)

练习 C

1. 听力理解:

Listening comprehension:

根据听到的内容,选择正确的答案:

Listen to the conversations, then choose the correct answer to each question:

对话 A

(1) 女的去哪儿了？

    A. 苏州   B. 杭州   C. 饭店

(2) 女的觉得西湖怎么样？

    A. 东西太贵   B. 饺子不好吃   C. 人太多

对话 B

(1) 下面哪一个不是男的不愿意去旅游的原因？

    A. 没有钱   B. 人太多   C. 买不到飞机票

(2) 男的和女的可能是什么关系？

    A. 情人   B. 老同学   C. 老朋友

对话 C

(1) 男的和女的可能是什么关系？

    A. 男朋友和女朋友

    B. 丈夫和妻子

    C. 哥哥和妹妹

(2) 他们准备买礼物给谁？

    A. 女人的妈妈   B. 男人的妈妈   C. 两个人的妈妈

短文

(1) 中国人为什么喜欢看山？

    A. 中国的山很少

    B. 中国的山很漂亮

    C. 中国人觉得旅游就是"游山玩水"

(2) 根据短文，中国非常有名的山有几座？

A. 1 座　　　　B. 5 座　　　　C. 6 座

(3) 看过黄山以后，为什么连五岳也不想看了？
　　A. 黄山是中国最漂亮的山
　　B. 黄山比五岳高得多
　　C. 五岳没有意思

(4) "上有天堂，下有苏杭"的"苏杭"是哪两个地方？
　　A. 江苏和杭州　　　B. 苏州和广州　　　C. 苏州和杭州

2. 口语表达：

Oral practice：

你们国家有哪些大的节日？你最喜欢的是哪个？为什么？

What are the major holidays in your country? Which one do you like the most? Why?

3. 阅读理解：

Reading comprehension：

　　很多人喜欢过节的原因是，节日其实是一个机会，一个差不多每个人都有的机会。情人节主要是属于情人们的。没说过"我爱你"的可以在这个时候说，说过了的呢，送上 999 朵玫瑰，她就更爱你了。即使前一天刚说过也不要紧，没有人这一天会觉得你啰嗦。儿童节呢，当然是属于孩子们的。唱歌、跳舞，接受礼物，没有比这更开心的时候了。

　　春节、五一、十一就不用说了，那是全中国人的机会。想干什么都可以。想休息的，利用这段时间好好放松放松；想看亲戚的，买点儿礼物，说上几句祝福的话；想找朋友聊天儿的，打个电话，发个电子邮件，一起到酒吧、咖啡馆坐坐，吹吹牛；想一家人出去旅游的，买好机票，爱去哪儿就去哪儿。反正不用工作，连手机也可以关掉。

很多人喜歡過節的原因是,節日其實是一個機會,一個差不多每個人都有的機會。情人節主要是屬于情人們的。沒說過"我愛你"的可以在這個時候說,說過了的呢,送上999朵玫瑰,她就更愛你了。即使前一天剛說過也不要緊,沒有人這一天會覺得你囉嗦。兒童節呢,當然是屬于孩子們的。唱歌、跳舞,接受禮物,沒有比這更開心的時候了。

春節、五一、十一就不用說了,那是全中國人的機會。想幹什麼都可以。想休息的,利用這段時間好好放鬆放鬆;想看親戚的,買點兒禮物,說上幾句祝福的話;想找朋友聊天兒的,打個電話,發個電子郵件,一起到酒吧、咖啡館坐坐,吹吹牛;想一家人出去旅游的,買好機票,愛去哪兒就去哪兒。反正不用工作,連手機也可以關掉。

补充词语:

Supplementary words:

1.	机会	jīhuì	opportunity, chance
2.	属于	shǔyú	to belong to, be categorized as
3.	不要紧	búyàojǐn	it doesn't matter; it will be all right
4.	啰嗦	luōsuo	long-winded, wordy
5.	放松	fàngsōng	to relax
6.	祝福	zhùfú	blessing, benediction
7.	吹牛	chuīniú	to brag, boast
8.	手机	shǒujī	cellular phone

根据短文内容,判断下面的说法是否正确:

Indicate whether these statements are "true" or "false", according to the passage above:

(1) 很多人喜欢节日是因为可以在节日里表达爱情。　　　(　　)

(2) 孩子们喜欢儿童节是因为那是孩子们自己的节日。　　(　　)

(3) 除了儿童节,孩子们没有开心的时候。　　　　　　　(　　)

(4) 过节的时候,去酒吧主要是为了喝酒。　　　　　　　(　　)

4. 语段写作：

Writing exercise：

写一段话，内容是关于小时候过圣诞节的事。

Write a paragraph about your childhood memories of Christmas celebrations.

责任编辑:贾寅淮
英文编辑:韩　晖
印刷监制:佟汉冬
封面设计:王　博
激光照排:北京天成计算机照排公司

国家汉办网址:www.hanban.edu.cn
联系地址:北京市海淀区学院路 15 号,北京华图汉语文化服务中心
电　　话:82303678　62323491
传　　真:82303983

《当代中文》
练习册
3
主编　吴中伟

＊

ⓒ华语教学出版社
华语教学出版社出版
(中国北京百万庄路 24 号)
邮政编码　100037
电话:010-68320585
传真:010-68326333
网址:www.sinolingua.com.cn
电子信箱:hyjx@sinolingua.com.cn
北京外文印刷厂印刷
中国国际图书贸易总公司海外发行
(中国北京车公庄西路 35 号)
北京邮政信箱第 399 号　邮政编码 100044
新华书店国内发行
2003 年(16 开)第一版
2009 年第二次印刷
(汉英)
ISBN 978-7-80052-919-1
9-CE-3521PC
定价:23.20 元